中國經濟發展中的
行業收入差距問題研究

徐淑娟 著

崧燁文化

前　言

改革開放以來，伴隨著中國經濟的快速發展，居民可支配收入得到了顯著提高，人民的生活水平也有了翻天覆地的變化，但同時，收入分配領域也出現了很多亟待解決的問題，如城鄉收入差距、居民收入差距越來越大。2013年1月18日國家統計局首次公布中國2003—2012年的基尼系數，顯示其數據維持在0.47~0.49。2013年基尼系數為0.473，隨後基尼系數雖略有下降，但也維持在較高水平——2014年全國基尼系數為0.469，2015年該數據為0.462。按照國際一般標準，0.4以上的基尼系數即表示收入差距較大。

與此同時，行業間收入差距也在不斷加大。2014年人均收入最高的金融業的從業人員平均工資約是人均收入最低的農、林、牧、漁業的從業人員平均工資的3.8倍。這僅是在行業門類基礎上進行的計算，如果再細分行業，按照行業大類或者中類，再加上工資外的相應收入和行業職工福利待遇上的差異，行業之間的收入差距將會更為驚人。

對於這種現狀，大多數人深有體會，我本人也不例外。相同專業的研究生同學畢業後進入不同的行業，短時間內年收入差距拉開數倍，部分在壟斷行業或新興行業工作的人的工資更是遠高於社會平均工資。這使我對該課題產生了濃厚興趣，並在閱讀了大量相關文獻和研究報告的基礎上撰寫了本書。

本書從多個角度闡述了行業收入差距的演變特徵和相關結論，並採

用了定量分析方法，注重實證分析和規範分析相結合，為最終的研究結論提供了強有力的技術支撐。

全書共分為八章。第一章為導論部分，主要介紹了研究背景、研究意義、研究方法以及本書主要創新點與不足；第二章為國內外文獻綜述，首先對國外行業收入差距的相關理論進行回顧，然後重點介紹了中國的相關研究結論，在全書中起到理論鋪墊作用；第三章綜合利用多種統計方法和計量模型研究中國行業收入差距演變趨勢和多維變化特徵；第四章分析了中國行業收入兩極分化的演變軌跡和特點；第五章是對行業收入差距進行價值判斷，首先建立行業合理收入差距模糊測算模型，然後利用該模型對中國不同行業收入進行合理性判斷；第六章為行業收入差距的形成機理分析，在理論詮釋的基礎上，建立中國行業收入差距的面板計量模型，對行業收入差距成因進行實證檢驗；第七章為行業收入差距的效應分析，利用不同的計量方法分析了中國行業收入差距對經濟增長、產業結構、就業、金融發展和犯罪的效應分析；第八章為結論與政策建議部分，首先總結了本書的研究結論，並提出若干縮小中國行業收入差距的具體政策建議，最後提出進一步研究展望。

希望本書能對業內專業人士或者該課題的關注者提供一定的參考和實用價值，但由於作者專業知識水平有限，書中難免有謬誤和不足之處，還請讀者不吝賜教。

徐淑娟

目　錄

第一章　導　論 / 1

　　第一節　研究背景和意義 / 1

　　第二節　研究思路與結構 / 4

　　第三節　研究方法 / 6

　　第四節　主要創新點與不足 / 7

第二章　文獻綜述和相關概念 / 10

　　第一節　國外文獻綜述 / 10

　　第二節　國內文獻綜述 / 16

　　第三節　相關概念的界定與說明 / 27

第三章　中國行業收入差距的統計分析 / 30

　　第一節　行業收入差距測度指標 / 30

　　第二節　中國行業收入差距演變趨勢分析 / 35

　　第三節　中國行業收入差距的多維演變特徵 / 48

　　第四節　中國行業收入差距演變趨勢的計量檢驗 / 65

　　第五節　本章小結 / 73

第四章　中國行業收入兩極分化研究 / 76

　　第一節　兩極分化相關理論 / 76

　　第二節　中國行業收入兩極分化的測算分析 / 85

第三節　本章小結 / 92

第五章　中國行業收入差距的價值判斷 / 94

第一節　行業收入分配的公平論 / 94

第二節　中國合理行業收入差距的判斷模型 / 98

第三節　合理行業收入差距的其他標準 / 106

第四節　本章小結 / 109

第六章　中國行業收入差距的形成機理分析 / 111

第一節　中國行業收入差距影響因素的理論分析 / 111

第二節　中國行業收入差距的實證分析 / 117

第三節　本章小結 / 127

第七章　中國行業收入差距的效應分析 / 129

第一節　中國行業收入差距與經濟增長 / 129

第二節　中國行業收入差距的其他效應分析 / 139

第三節　本章小結 / 154

第八章　結論與政策建議 / 156

第一節　研究結論 / 156

第二節　縮小中國行業收入差距的政策建議 / 160

第三節　研究展望 / 166

附　錄 / 168

參考文獻 / 170

第一章 導　論

第一節　研究背景和意義

一、研究背景

　　收入分配製度是社會經濟發展中一項帶有根本性、基礎性的製度安排，是社會主義市場經濟體制的重要基石。隨著社會經濟的全面發展，中國收入分配製度改革也在不斷推進，積極建立與基本國情、發展階段相適應的收入分配製度。但是，不能否認的是，收入分配領域仍存在一些亟待解決的突出問題：居民貧富差距不斷加大，城鄉區域發展差距擴大，不同行業間收入差距逐步加大，收入分配秩序不規範，隱性收入、非法收入問題突出等。專家學者對居民收入差距和城鄉區域差距關注較多，已取得了一定研究成果，但對行業收入差距的研究欠缺。本書便在此基礎上，主要分析中國行業收入差距的發展演變及相關效應。

　　改革開放以前，中國實行計劃經濟體制，收入分配領域實行的是高度集中的平均主義，其中還有很大一部分是實物分配，因而當時的行業收入差距並不明顯。改革開放以後，經濟體制從計劃經濟轉換為市場經濟，1993 年十四屆三中全會後，「效率優先，兼顧公平」的收入分配政策

出抬，行業就業人員的收入差距便開始逐步擴大。尤其是進入21世紀以來，行業間收入差距進一步擴大。其中，2000年，平均工資最高的行業是金融保險業，職工平均工資為13,729元；最低的行業是農、林、牧、漁業，職工平均工資為5,132元。前者約是後者的2.68倍。2014年，人均收入最高的金融業的平均工資（108,273元）約是人均收入最低的農、林、牧、漁業的平均工資（28,356元）的3.82倍。由此，我們可以發現行業間收入差距擴大趨勢明顯。如果再加上工資外的其他收入和行業職工福利待遇上的差異，行業之間的收入差距將會更為驚人。這種現象引起了學者、政府和普通民眾的關注，成為社會各界關注的一個熱點問題。

目前，對於中國的行業收入差距問題，理論界已取得了一些研究共識：整體行業收入差距在振蕩中擴大；壟斷性強的行業工資水平高於競爭性強的行業工資水平；資本、技術密集型行業工資水平高於勞動密集型行業工資水平；新興行業職工工資水平高於傳統型行業職工工資水平。

不可否認的是，在市場經濟中行業收入差距是不可避免的，甚至一定的行業收入差距對經濟發展而言是有積極作用的。這是因為，行業之間存在收入差距，在一定程度上可以起到優化資源配置的作用。一般來說，低收入行業效益差，難以吸引優秀的人才和資本，利潤收入高的行業容易吸引優秀人才和資本，這樣自然達到優化資源配置的作用，而且有利於調整行業結構。但是，當行業收入差距超過一定的程度特別是出現了非常嚴重的收入差距時，就會給社會經濟各方面發展帶來很大的負面影響。因為過高的行業收入差距不僅造成了社會不公平，導致社會衝突事件頻發，而且對擴大內需、提高國內居民消費水平有很大的抑製作用，影響了經濟發展。

如果沒有採取切實有效的措施來解決這一問題，日益擴大的行業收入差距將對社會公平和效率產生嚴重的負面影響，阻礙中國的社會主義

和諧社會建設進程。因此降低行業間收入差距應成為中國政府收入分配調整政策中重要的組成部分。

二、研究意義

本書對改革開放後中國行業收入差距的演變趨勢、多維特徵、兩極分化、收入差距成因與效應等進行全面分析，並在此基礎上提出降低行業收入差距的政策建議，以緩解目前突出的行業收入分配不均等現象。可以說，本書選題具有一定的理論和現實意義。

第一，從國家政策角度來看，研究不同時期行業收入水平變化的歷史可以幫助我們總結工作，重新審視過去的路線和方針政策。改革開放之前，過多強調生產而忽視消費，職工工資收入水平提高緩慢。十一屆三中全會確定改革開放政策以後，中國居民收入水平大幅度提高，生活質量有了明顯改善，但是行業收入差距卻越來越大，影響人們的利益，成為社會關注的焦點問題。因此，通過對行業收入差距程度和性質的研究，可以判斷這種差距是否合理，是什麼性質的差距，其成因是什麼，這種差距對社會經濟各方面造成了什麼影響。在此基礎上對國家不同歷史階段的具體政策進行研究總結，錯誤的要予以反省糾正，有欠缺的要完善，正確的要繼續執行，還可以根據實際問題需要研究並出抬新的政策。

第二，從學術研究角度來看，長期以來，國內對行業收入差距問題的研究相對較為薄弱，相關研究文獻的質量和數量遠不如對城鄉和區域收入差距問題的研究。此外，現有的研究結論側重於行業收入差距研究的某一方面，缺乏系統全面的探討，很多研究也僅停留在行業收入差距成因或效應的簡單計量檢驗上，缺乏深層次的實證分析。另外，對行業收入差距的相關研究也存在很多不足的地方，如行業收入差距水平的測度指標或體系，行業收入差距的合理性判斷及成因等方面。本書的寫作

便是力圖豐富相關理論，填補現有研究空白之處。

可以看出，通過研究行業收入分配差距的變化，分析行業收入差距的形成機理，研究行業收入差距對社會經濟各方面的效應，可以豐富收入分配理論，為國家相關經濟政策提供理論依據，完善社會主義市場經濟，減少社會不公平現象，對建設和諧社會有重要意義。

第二節　研究思路與結構

本書針對行業收入差距，按照以下研究思路和結構展開分析。

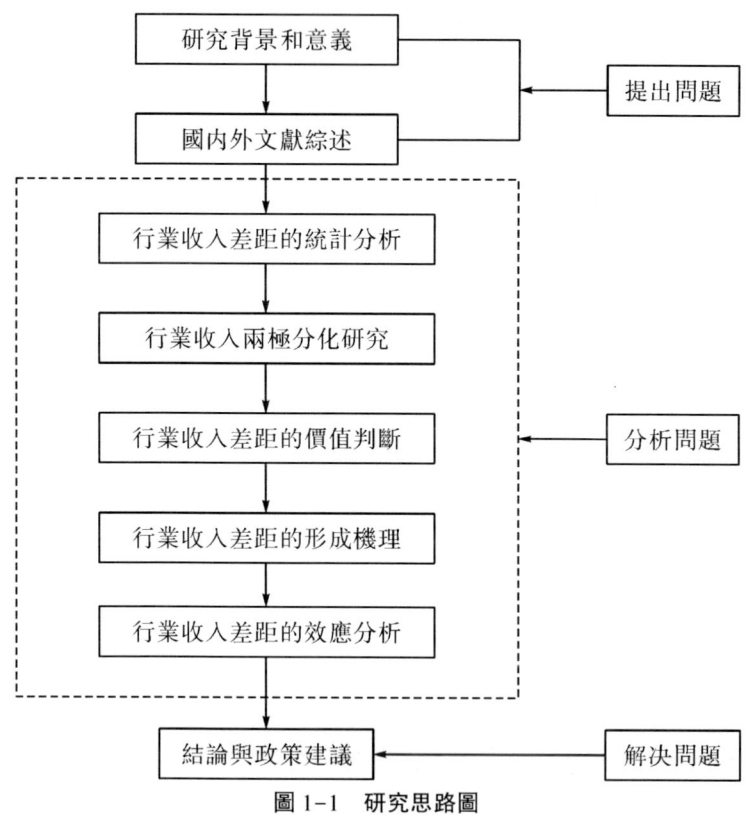

圖 1-1　研究思路圖

本書圍繞中國行業收入差距演變過程，本著從現象到本質的思路，重點研究中國行業收入差距的動態演變軌跡和行業收入差距成因及其經濟社會效應。

全書共有八章。第一章為導論部分，首先介紹了該選題的背景和研究意義，接著闡述了本書的結構和章節內容，然後介紹了本書的主要研究方法，最後列出了主要創新點與不足之處。

第二章主要為國內外文獻綜述，在全書中起到理論鋪墊作用。本章首先回顧了國外對行業工資差異研究的相關理論，主要有人力資本理論、競爭性勞動力市場理論、效率工資理論和製度理論；然後總結歸納了中國學者關於行業收入差距測度方法、演變軌跡、成因及政策建議的相關研究結論；最後對本書中的一些基本概念進行了界定和說明。

第三章為行業收入差距的統計分析。在這一章中，首先介紹了測度行業收入差距的相關指標，在此基礎上利用數據統計描述了中國1978年後的行業收入差距變化趨勢及三個不同階段，並對未來收入差距進行短期預測；其次，利用大量數據對行業收入差距進行多維特徵描述，全方位、多角度地展現了中國行業收入差距的總體特徵；最後，運用計量分析方法對中國行業收入差距的區域同步性和區域收斂性進行了模型檢驗與分析。

第四章為行業收入的兩極分化動態演變研究。在本章中，首先闡述收入分配領域兩極分化的內涵及其與收入不平等的區別；然後採用相關測度指標對中國行業收入兩極分化演變軌跡進行描述分析，並在此基礎上比較行業收入不平等和行業收入兩極分化的差異。

第五章為行業收入差距的價值判斷研究。在本章中，首先介紹行業收入分配公平理論；然後在行業勞動評價指標體系的基礎上建立了行業合理收入差距模糊測算模型，並對中國目前不同行業收入進行合理性判

斷；最後分析了行業合理收入差距的經濟增長和社會穩定標準。

第六章為行業收入差距的形成機理分析。這一章中，首先綜合考慮競爭性因素和製度性因素等各方面的作用，對行業收入差距的成因進行了較為全面的理論詮釋；然後在此基礎上，利用各種統計年鑒上的相關數據，建立中國行業收入差距的面板計量模型，實證檢驗了各因素對行業收入差距的影響程度。

第七章為行業收入差距對經濟社會各方面的效應分析。在這一章中，首先對行業收入差距和經濟增長之間的相互關係進行了理論分析，對「倒U假說」和收入差距對經濟增長的反「倒U假說」進行了計量檢驗；然後利用多種計量分析方法，實證檢驗了行業收入差距分別對產業結構、就業、金融發展和犯罪的影響效應問題。

第八章為結論與政策建議部分。首先對本書的主要研究結論進行總結；其次在本書研究行業收入差距成因的基礎上，提出若干縮小行業收入差距的具體政策建議；最後，指出今後進一步研究的方向。

第三節　研究方法

首先，注重文獻研究工作。在閱讀了大量國內行業收入差距的相關論文和研究報告以後，較為全面地闡述了行業收入差距不同角度的研究結論，為後面的實證研究工作起到了很好的理論支持和鋪墊作用。

其次，主要採用定量分析方法。通過使用大量統計分析方法和計量模型等定量分析工具，從多角度出發研究分析中國行業收入差距變化。運用行業收入差距的時間序列數據、橫截面數據、省級面板數據，採用計量經濟學的多種動態分析方法，包括單位根檢驗、面板數據固定效應

模型、ARMA 模型、VAR 模型以及脈衝響應分析等，通過建立計量經濟模型，進行動態實證研究分析，從而為本書的研究結論提供強有力的技術支撐。

最後，本研究注重實證分析與規範分析相結合，不但運用大量統計數據和計量分析方法進行實證研究，從多層次、多角度展現了行業收入差距的演變軌跡，回答了「是什麼」的問題；同時，在闡釋行業合理收入差距和行業收入差距的經濟效應時，也適時地引入了價值判斷標準進行規範分析，回答了「應該是什麼」的問題。

第四節　主要創新點與不足

一、主要創新點

（1）從新視角出發研究行業收入差距。首先，從多維角度出發分析了行業收入差距的演變特徵，全面反應了中國行業收入差距的變動軌跡；其次，利用計量方法如絕對 β 檢驗和單位根檢驗等對行業收入差距在不同層次範圍內的區域同步性和區域收斂性進行了檢驗，結果發現在全國範圍內中國行業收入差距存在同步性和收斂性；最後，從行業收入兩極分化的視角出發，採用多種指標測算歷年行業收入兩極分化指數，並對行業收入不平等和行業收入兩極分化進行比較分析，結果發現兩者的變動軌跡沒有形成明顯差異。

（2）綜合利用了多種統計學和計量經濟學方法對行業收入差距進行系統研究。理論界對中國行業收入差距的研究很多僅側重於某一角度，缺乏較為全面系統的分析。另外，現在的研究很多只停留在行業收

入差距成因或效應的簡單計量檢驗上，缺乏深層次的實證分析。而本書基於此，採用了大量動態計量經濟學的研究方法展開實證研究。例如：採用面板數據固定效應模型分析了行業收入差距形成機理以及行業收入差距的經濟增長效應；通過建立 ARMA 模型進行短期預測；利用單位根檢驗、協整檢驗、格蘭杰因果關係檢驗、VAR 模型和脈衝響應函數分析行業收入差距對產業結構、就業、金融發展以及犯罪產生的影響。

（3）從不同角度出發研究行業收入差距的合理性標準。如從「公平」的角度出發，利用影響行業收入水平的五個因素（職業技能、勞動強度、勞動環境、行業競爭風險、勞動責任）建立了一個模糊測算模型，利用此模型計算不同行業的合理收入指數，用此指數和實際指數比較以判斷不同行業的收入是否合理；從「經濟增長」的角度出發，在研究行業收入差距對經濟增長影響的反「倒 U」模型時計算出了行業收入差距的合理性標準，按照這個標準，中國目前的行業收入差距還沒有達到對經濟增長產生負效應的程度。

二、不足之處

由於行業收入差距的變化具有複雜性和長期性，其演變軌跡、形成機理和效應等涉及的範圍非常廣泛——幾乎涉及中國經濟發展過程和體制改革的各個方面，很難全面準確把握。因此，本研究雖有一定成果，但仍有很多疏漏和不足之處。

首先，本研究對改革開放以後中國不同門類的行業收入差距演變軌跡及原因進行了理論和實證分析，但因為數據的缺乏，行業門類內部即行業大類的收入差距變動無法進行準確評估，因而在此基礎上計算的收入差距相對指標數值偏低。此外，工資外的隱性收入對行業收入差距意義重大，但同樣因為無數據來源，無法對其展開深入分析。

其次，在研究行業收入差距的成因時，本研究是從全國行業門類面板數據出發，以各行業的平均收入作為因變量，分析壟斷水平、人力資本水平等因素對各行業平均收入的影響，而缺少對以地區行業收入差距面板數據作為因變量，以地理位置、資源禀賦、國家政策製度等方面研究導致地區行業收入差距的原因分析。

最後，行業收入差距在世界範圍內廣泛存在，各國學者都有關於行業收入差距和應對政策的研究結論，這對中國的相關研究有一定的借鑑意義。本研究暫未對中國的行業收入差距進行橫向國際比較和經驗借鑑，這是今後繼續研究的一個方向。

第二章　文獻綜述和相關概念

第一節　國外文獻綜述

　　行業收入差距並非中國獨有的現象，國外學者對行業收入差距也進行了大量研究，主要從行業工資差異的角度來進行分析，形成了較為成熟的四種理論。

一、人力資本理論

　　該理論的主要觀點是，因為人們的先天稟賦存在差異，受教育的類型、數量和質量也各不相同，因此人們擁有不同的人力資本存量結構，導致不同的勞動群體甚至是個人都不能夠完全被替代。這種人力資本的差異引起了不同個人在勞動生產率上的差異，在此基礎上最終導致工資差異。因此，不同行業勞動力質量的差異造成了不同行業的收入差異，高收入行業更容易吸引高質量勞動力，相反，低收入行業的高質量勞動力相對較少。

　　20世紀50~60年代，針對人力資本投資的研究越來越多，現代人力資本理論開始形成。美國經濟學家 Mincer 和 Becker 是現代人力資本理論的創建者。Mincer 在其博士論文《個人收入分配研究》中就指出

美國個人收入差距縮小的一個重要原因便是人力資本投資。然後他在 1958 年發表了論文《人力資本投資與個人收入分配》，首次建立了個人收入分配和個人接受培訓量之間相互關係的經濟數學模型。模型結果表明：人力資本投資或人力資本存量與個人收入水平為正相關關係。行業收入差距的人力資本理論正是在此基礎上發展起來的。Becker 關於人力資本理論的研究主要集中於 1960 年以後他發表的著作《人力資本》和《生產率的經濟分析》中。他對個人收入和人力資本的研究表明：個人收入水平和個人人力資本投資水平之間呈正相關關係。Adward F. Denison 在人力資本理論方面也有很多代表性成果，其中較著名的是，他通過精細分解運算發現，人力資本投資的累積可以解釋美國 1929—1957 年經濟增長 23%的比例。Krueger 等（1988）指出勞動力質量的差異導致了行業工資差異的出現，可觀測到的反應人力資本的變量如受教育程度和工作年限等不能解釋行業收入差異的全部原因，其他未被觀測到的反應勞動力質量差異的因素被行業間收入差異表現出來。Keane（1993）的研究同樣指出行業收入差異可以被未被觀測到的勞動力質量的差異解釋。Pedro S. Martins（2004）根據人力資本理論，研究發現行業間勞動力質量的差異引起了行業收入差異，高收入行業往往擁有更高比重的高質量勞動力。Mark Robert Kurt（2008）通過添加多期成分以及教育的選擇擴展了定向搜索模型。此模型從行業收入和勞動力受教育程度角度研究，發現行業工資差距持續不斷增加，並且認為在一定階段和時間內，勞動力受教育程度的差異直接導致了行業間工資差距。

除了以上觀點，國外學者還就人力資本的外部性對行業工資差距的影響進行了新的解釋。狹義的人力資本理論觀點認為行業間人力資本存量的差異導致了行業間工資的差異。但是，Dickens 和 Katz（1986）、Brown 和 Medoff（1989）通過研究發現，即便控制了個體勞動力的人力

資本變量，行業間的工資差異仍然存在。Lucas（1988）研究分析了人力資本的外部性對行業工資的影響，提出了一個新的概念——人力資本溢出性。他提出，人力資本具有溢出性，如以行業、職業、企業或地區等方式結合的人力資本，其報酬不同於個體人力資本報酬的簡單加總，主要原因便是「學習效應」。他認為人力資本之間的相互作用導致勞動整體生產率水平提高，由此引起的報酬較高。Winter-Ebmer（1994）基於澳大利亞的研究表明人力資本的外部性是解釋行業收入差距的一個重要解釋變量。他認為教育具有非常顯著的外部性，平均受教育程度提高一年，會引起行業工資溢出上升 4%～9%。Sakellariou（1995）基於危地馬拉的經驗研究也得出了相同的結論：人力資本外部性影響行業間工資差異。

二、競爭性勞動力市場理論

競爭性勞動力市場理論包括「短期差異說」和「補償性差異說」兩種理論，是在新古典微觀經濟學框架下對行業間工資差異進行解釋的理論。

「短期差異說」認為，產品市場上需求發生變化，那麼相應的勞動力市場也隨之發生變化，產業需求增加的行業願意支付更高的工資來吸引勞動力。反之，產品需求減少的行業可能會降低工資來減少勞動力，這樣的變化導致行業工資差異。Jorge Saba Arbache（2001）研究發現，在長期內，隨著勞動力供給的自動調整，勞動力市場會重新達到均衡狀態，行業間收入差異會逐步縮小並最終趨近於消失。不過這種理論並沒有被實證檢驗證實，大多數研究結論仍然認為行業收入差距是一種長期現象，具有很高的穩定性。

在古典微觀經濟學中，「經濟人」的理性選擇總是以追求效用最大

化為準則。對於不同的工作選擇，不管是貨幣收入還是非貨幣收入，只要兩者之和帶給勞動者的效用是相同的，那麼便可以認為這兩種工作是無差異的，對於勞動者而言他們具有相同的吸引力；但是，不同的行業具有不同的非貨幣特徵（比如工作安全性、強度等），而如果某些工作的非貨幣特徵給勞動者帶來了負效用，那麼就應當用更高的貨幣收入來進行補償，這樣一來便導致行業收入差異，這就是「補償性差異說」。

Schettkat（1993）認為，不同的行業其非貨幣特徵也不相同，不相同的非貨幣特徵導致了行業間工資差異。非貨幣特徵有很多方面，比如工作強度、工作環境、工作安全性、失業風險、工作帶給人的愉悅程度及上下班路途所需時間等。這些特徵會隨著行業或工作的不同而存在很大的差異，那麼就有可能使部分行業需要更高的貨幣收入來進行補償，因此造成了行業間工資差異的產生。

三、效率工資理論

效率工資理論探討的是工資水平和生產效率之間的關係，這是20世紀80年代新凱恩斯主義為了解釋工資剛性提出的。定性地講，效率工資就是指企業為提高勞動生產效率而支付給員工比市場保留工資更高的工資。定量地講，廠商在利潤最大化的水平上確定工人的工資，當工資對效率的彈性為1時，稱它為效率工資。此時工資增加1%，勞動效率也提高1%，在這個水平上，產品的勞動成本最低，即效率工資是單位效率上總勞動成本最小處的工資水平，它保證了總勞動成本最低。效率工資理論認為，給工人支付高工資，可以提高工人對企業的忠誠度和工作熱情，同時增加工人因為偷懶而被解雇的機會成本，具有激勵和約束的雙重作用，因此對企業而言是有利的。

Solow（1979）認為增加工資可以提高工人的積極性，進而提高企

業的生產效率。Shapiro 和 Stiglitz（1984）建立的怠工模型，是效率工資理論中非常重要的模型，是從雇傭關係中激勵角度來研究工資和生產效率之間的關係，企業為防止工人偷懶可以採用較高的工資來激勵員工。Stiglitz（1976）、Montgomery（1991）研究分析效率工資理論，建立了離職成本模型。高工資會增加員工離職的機會成本，因而企業支付高工資，可以提高員工的忠誠度。Yellen（1984）、Akerlof（1986）、Katz（1986）通過使用效率工資理論研究發現，壟斷性程度高的行業能夠獲得高於競爭性行業的高額利潤，這類行業通常會支付高工資。Krueger 和 Summers（1988）的研究表明，在雇員階層、受教育水平、工作經驗、工會背景等特徵因素受到控製的基礎上，實證檢驗驗證了效率工資理論對行業工資差異的解釋。他們認為，高收入行業的收入溢出（premium）是一種非競爭性的經濟租，並用效率工資理論對其進行解釋。Garino、Gaiaa 和 Martin（2000）實證分析了效率工資製度對行業工資差異的影響。他們把效率工資理論和工會談判理論結合起來，在此基礎上建立了一個工資決定模型，證實了這一理論。

　　從效率工資理論出發可從以下不同角度來解釋行業收入差異：①不同行業的監督成本不同，監督成本高的行業更願意使用較高工資來激勵員工的工作積極性，進而減少監督成本。②高工資減少了勞動的流動性。企業支付的工資越高，工人留在企業的激勵越大，因此減少了工人離職的頻率，從而減少了雇傭和培訓新員工的時間和費用。③某些行業的技能要求較高，對員工有更多的特殊培訓要求，這些行業會支付高工資盡力來防止工人辭職。④實行高工資的企業，實際上是企業和工人共享企業利潤，容易激起工人的主人翁意識，激勵員工努力工作，提高勞動效率。以上所有理論都解釋了效率工資對企業是有利的。

四、製度理論

製度理論可以從工會力量和勞動力市場分割兩個角度來解釋行業間的工資差距。

工會力量理論主要分析工會力量強度對行業收入差距的影響。Alan B. Krueger 等（1988）認為，工會力量越強，行業間收入差異越大。Lindbeck 和 Snower（1986）利用集體談判和租金分享模型，研究發現廠商和工人進行利潤分享的談判會引起工人工資的變化。一般情況下，工會力量較強的行業，工人的工資會高於工會力量較弱的行業，進而引起了行業間的工資差距。澳大利亞學者 Waddoups C. Jeffrey（2005）分析了工會對工資的影響。結果發現工會對工資的影響程度在逐漸減弱，有工會的企業和沒有工會的企業之間的工資差距很小，並且工資差距也不再和行業的工會化程度相關。

勞動力市場分割理論（labor market segmentation theory）也被稱為雙重勞動力市場模型，是 20 世紀 60 年代由美國經濟學家多林格爾（P. Doeringer）和皮奧里（Michael J. Piore）提出的。該理論是指，社會和製度性因素導致勞動力市場的部門差異；不同人群獲得勞動力市場信息以及進入勞動力市場渠道的差異，導致不同人群在就業部門及收入模式上存在明顯差異。

勞動力市場分割理論強調的是勞動力市場的分割屬性，強調製度和社會性因素對工資的影響。其中最具代表性的是雙元結構理論，它將勞動力市場分為一級市場和二級市場，且這兩級市場間存在著製度性壁壘。雙元結構理論認為，一級勞動力市場的雇主主要是生產資本密集型產品的大公司，這類公司容易形成內部勞動力市場，員工工資不是根據其邊際生產力來決定，而是由勞動者在內部勞動力市場中所處階梯地位

決定的，容易獲得較高工資；二級市場的雇主主要由眾多中小企業組成，產品的市場需求變動頻繁，工資主要根據勞動力供求關係決定。從中可以看出兩級市場的工資決定影響因素不同，因此造成了不同市場勞動群體的工資差異。正是因為存在勞動力市場分割，才會出現部分行業工資高於社會平均水平，並且高工資一般伴隨著較好的工作條件（Schettkat，1993）。

第二節　國內文獻綜述

　　1978年以後，中國行業收入差距逐步擴大，嚴重影響了中國和諧社會主義的構建。從20世紀90年代開始，中國學者開始對行業收入差距問題進行研究，並且取得了一些研究成果。這些成果主要集中於四個方面：行業收入差距和極化的測算方法、行業收入差距的演變趨勢研究、行業收入差距的成因分析以及縮小行業收入差距的政策建議等。

一、行業收入差距和極化的測算方法

　　目前研究行業收入差距的主要測算指標分為絕對指標和相對指標兩類。絕對指標反應社會經濟現象總規模或絕對水平，是一定計量單位的絕對數，主要包括極值差、方差和標準差等。相對指標表現為相對數，主要包括極值比、變異系數、基尼系數和泰爾指數等。其中，基尼系數和泰爾指數特徵較好，是學者們使用較多的測算指標，這兩類指數也得到了國內外學者的深入研究。如基尼系數分解研究（Lambert P J，Aronson J R，1993；李虎，2005）、泰爾指數分解研究（Cowell F A，1985，2005；Giles，2005）以及埃金斯指數分解研究（Casilda Lasso de la Vega, Ana Marta Urrutia, 2003)。Pyatt (1976)、Yao 和 Liu (1996)、唐莉 (2006) 均對基尼系數分解分析做了深入研究。關於行業收入差距的計算方法，武鵬 (2010) 認為絕對性指標不滿足齊次性原則，有很明顯的缺陷，應避免使用；基尼系數和廣義熵指數組指標均有缺陷，在使用的時候要兼用兩類指標而不能偏執其一。關於收入極化問題，Foster 和 Wolfson (1992) 與 Wolfson (1997) 提出了一種重要的收入兩極分化指數，Chakravarty 等 (2007) 提出了絕對極化指數，Esteban 和 Ray (1994)、Duclos J. Y. 等 (2004) 提出了多極化指數，Duclos 和 Echevin (2005)、You-Qiang 和 Kai-Yuen (2000) 等研究了收入兩極分化的比較方法。國際上關於極化的研究主要向兩個方向邁進，一個是以 Wolfson (1994, 1997) 和 Esteban (1994, 1999, 2004, 2005) 等為代表推動的測度指標與測度方法的研究，另一個是基於收入極化研究擴展至社會分化與衝突的研究 (Esteban & Ray, 2008, 2009)。

二、中國行業收入差距的變動趨勢

在對行業收入差距進行研究時，學者們大多都要分析行業收入差距的現狀和變化趨勢，雖然使用的測度指標不相同，但通過比較分析發現研究結論基本一致。

不管是使用極值比、極值差這樣的絕對指標，或是變異系數、基尼系數、泰爾指數等相對指標，都可以得到行業收入差距變動軌跡的近似結論：改革開放以後，中國的行業收入差距呈現上升趨勢，但在不同歷史階段，變化趨勢也有差異。其中 1978—1988 年，行業收入差距逐漸縮小，1988 年之後行業收入差距開始逐步擴大。鐘春平 (2004) 在用「創造性破壞」機制研究經濟增長過程中收入差距問題時，利用 1978—2002 年的行業職工平均工資數據，通過絕對指標極值（最小值和最大

值）以及整體方差的度量，得出了這樣的結論：從時間序列趨勢來看，行業間收入差距是一個逐步擴大的振蕩過程。其中 1978—1989 年行業收入差距呈縮小趨勢，到 1994 年達到極大值，1995 和 1996 年有所反彈，然後又回到上升的主流趨勢。李實、趙人偉（2006）利用泰爾指數研究發現，1988—2001 年行業收入差距上升了近 4 倍。羅楚亮、李實（2007）在研究人力資本、行業特徵和收入差距時，利用對數標準差和相對指標變異係數、基尼係數和泰爾指數來分析行業收入差距在 1990—2005 年的變動趨勢，發現行業職工平均的不均等指數在逐年擴大。1990 年基尼係數為 0.072，2002 年達到 0.138，接近 1990 年的兩倍。同時泰爾指數從 1990 年的 0.009 上升到 2002 年的 0.031，增長了 2.44 倍。2003 年各項指數增長迅猛，2003—2005 年行業收入差距進一步擴大。胡愛華等（2008）利用了多種分析方法對行業收入差距進行了度量，各種方法結論基本一致：改革開放後行業收入差距逐步擴大。2006 年的變異係數和 1978 年相比上升了 26.2 個百分點，極值比也從 1978 年的 2.17 增長到 2006 年的 4.75。通過泰爾指數的計算，發現行業間收入差距呈現兩階段的「V」形波動，即先縮小後擴大，第一個「V」形階段為 1978—1992 年，其中 1983 年達到最小值；第二個「V」形階段為 1993—2002 年，其中 1997 年達到最小值。張原、陳建奇（2008）利用不同測度指標，如行業間工資標準差、變異係數、工資極值比，計算行業間收入差距，並繪製 1982、1996、2002 年的行業間工資差異的洛倫茲曲線，反應出 1978—2004 年行業收入差距一直在擴大，2005 年行業工資極值比達到 4.88。任重、周雲波（2009）利用基尼係數和泰爾指數計算了 1978—2007 年中國行業間收入差距。結果表明在這期間行業收入差距呈現先下降後上升的演變軌跡，其中 1978—1988 年為下降階段，1989—2007 年為上升階段。

學者們不僅分析了行業收入差距的變動趨勢，同時研究分析了行業收入兩極分化的演變軌跡。顧嚴、馮銀虎（2008）利用非參數估計中的 Kernel 方法，實證研究了中國 1978—2006 年不同行業人均實際工資概率分布形態。結果顯示，1978—1992 年中國收入密度函數呈現單峰集中分布，1993—2006 年行業收入密度函數開始由單峰分布向雙峰轉變，表明行業收入有向兩極分化發展的趨勢。任重、周雲波（2009）利用非參數估計方法估算了改革開放後到 2007 年中國的行業收入密度函數。結果表明，1978—2003 年行業收入呈現單峰分布特徵，2003 年後行業收入開始出現雙峰分布的變動趨勢，但並沒有出現整體性、全局性的兩極分化。同時研究發現：隨著時間變化密度函數的峰值開始不斷下降，中心逐漸向右移動，這表明中國平均工資在逐步提高，但是行業間收入差距也在不斷擴大。

　　除了以上對行業收入差距和行業收入兩極分化演變軌跡的研究以外，學者們也從不同角度出發分析了行業收入差距的演變特徵。金玉國（2001）指出改革開放後，競爭性較高的行業其收入水平較低，如競爭性最充分的行業農、林、牧、漁業，商業和製造業，這類行業長期處於行業收入最底層。他同時指出，行業勞動力價格的高低及其排位變化，主要取決於該行業的所有制壟斷程度，而不是由該行業的勞動強度和勞動環境等因素決定。張雅光等（2003）認為高收入行業開始向資本技術密集型行業和新興行業轉移，其中 2000 年平均工資水平最高的行業為科學研究和綜合技術服務業，這就表明中國高收入行業開始向技術含量高的行業轉變。王銳（2007）指出，改革開放後到 2002 年，中國的職工平均工資增長了約 19.2 倍，其中壟斷性行業增長速度不僅遠遠高於競爭性行業如農、林、牧、漁業和製造業等，同時也高於社會平均水平。如金融保險業增長了 30.4 倍，房地產業增長了 27.3 倍，交通運輸

倉儲業增長了22.1倍。姜付秀、餘暉（2007）指出壟斷是中國行業收入差距的重要成因，認為中國的行業壟斷主要體現在行政性壟斷，這類行業的高工資福利待遇影響了中國的收入分配效應，擴大了行業間的收入差距。史先誠（2007）通過研究得出了兩個結論。首先，壟斷行業的高額利潤分享可以解釋行業平均工資的40%的變異系數。其次，高收入行業開始向高新技術行業和新興技術行業如信息計算機軟件、科研技術服務、金融保險及壟斷性質行業轉移；而傳統型、競爭性強的行業和勞動密集型行業的收入水平相對處於下降趨勢。顧嚴、馮銀虎（2008）利用《中國統計年鑒》中1996—2007年的行業收入的相關數據，研究得出了中國行業平均工資等級變化的一個重要特點：原來壟斷性強的行業如電力、燃氣和水的生產供應業，倉儲郵電業，交通運輸業等職工平均工資仍然處於領先位置，近些年採掘採礦業和金融保險業開始呈現出「新貴崛起」之勢。

三、行業收入差距成因分析

中國行業間收入差距不斷擴大，已嚴重影響到社會公平和效率，究竟是什麼原因導致出現了這種結果？國內學者們從不同角度切入，尋找行業收入差距的影響因素，總結起來主要集中於五個方面。

(一) 行業壟斷

在研究行業收入差距時，國內大多數學者都認為壟斷是行業收入差距不可或缺的重要影響因素，尤其是行政壟斷，對行業收入差距影響更甚。杜健、張大亮和顧華（2006）借助非壟斷行業收入分析的迴歸方程，計算出壟斷因素是行業收入中最重要的因素。2002年，工業細分的壟斷行業和非壟斷行業的平均收入相對差距為79.53%。羅楚亮、李實（2007）根據第一次全國經濟普查資料對行業收入差距進行成因分

析，發現壟斷程度比盈利能力對工資與補貼的影響更大。李曉寧（2007）利用模型分析了壟斷行業與非壟斷行業工資差異的必然性，並且認為，除了行業人力資本水平和行業勞動生產率對行業收入差距產生影響外，對行業工資差異的影響最大的因素即為國家所有制形成的國有壟斷。傅娟（2008）通過分位數迴歸分析發現，不同的收入階層中壟斷行業與非壟斷行業的收入差距顯著成立，並且隨著收入階層的提高，這種差距會逐漸擴大，說明了壟斷對收入差距的重要作用。任重、周雲波（2009）通過分析改革開放以來中國行業收入差距的變化，發現改革不徹底導致的壟斷對行業收入差距的貢獻率占到總差距的65%。岳希明、李實、史泰麗（2010）應用 Oaxaca-Blinder 分解方法分析了行業收入差距的成因，認為壟斷行業和競爭行業之間的收入差距較大，且其中50%以上不合理，這種不合理主要是行政壟斷造成的。另外，因為壟斷行業的高福利沒有反應在收入差距的計算中，因此以上結果中壟斷行業不合理部分顯然被低估。陳釗等（2010）基於迴歸方程對收入差距的分解研究，發現壟斷行業的收入迅速提高導致了行業間收入不平等加劇。惠寧、郭淑娟（2012）利用 2003—2009 年的相關數據實證分析發現，壟斷行業的過高收入可以解釋行業收入差距增加的 1/3 左右；如果考慮工資外的隱形收入，壟斷行業和非壟斷行業的組間差距差距率從 2003 年的 32.74% 上升到 2010 年的 47.65%；如果壟斷行業不合理的高收入迴歸到合理區間，那麼行業收入差距將下降約 30%。

（二）行業人力資本差異

除壟斷因素以外，行業間人力資本差異也是學者們認為造成行業收入差距的重要因素之一。如張原、張建奇（2005）利用中國城鎮家庭調查的橫截面數據和行業中觀數據研究發現，人力資本對行業工資回報具有正向作用。岳昌君、吳淑姣（2005）運用兩階段計量迴歸法實證

檢驗了人力資本外部性和行業收入差距的關係。結果顯示：行業人力資本水平越高，行業收入溢出性越大。荀關玉（2005）研究發現，行業或勞動的不同造成行業的人力資本存量不同，因而需要對高人力資本存量的行業進行價值補償。因此她認為行業人均受教育年限的差距是行業職工的收入差距的主要原因。杜健、張大亮（2006）通過計量迴歸模型實證檢驗，發現行業內職工的受教育程度對行業的名義收入影響顯著。靳衛東（2007）認為，提高人力資本水平會促進人力資本密集型技術的進步，進而增加了對高素質人員的需求，從而導致行業收入差距擴大。馬驪（2009）在基於人力資本視角研究行業收入差距時，發現代表行業人力資本的指標每提高1%，行業收入差距將提高0.383%；另外，行業內高素質人才增加會擴大行業收入差距。熊廣勤、張衛東（2010）運用分位數迴歸的方法研究了教育對於居民個人收入分配的影響，表明教育對於居民收入有顯著影響。

(三）行業本身差異和產業結構調整原因

不同行業的工作性質、工作特點、勞動強度、複雜程度和勞動環境都不相同。這些行業性質的不同造成不同行業收入存在差距，但是這種差距是合理的。宗文英、趙建國（2000）認為行業收入差異的原因有兩個，其中之一便是行業自身原因。姚芳、姚萍、孫林岩（2004）認為，因為各行業都有其自身的不同特點，那麼即使在同一水平上發展，隨著時間變化，面臨競爭和市場機遇不同，最後各行業的發展也會參差不齊。張原、陳建奇（2008）利用Z評分模型分析了中國的行業間收入差距，認為行業特徵是造成行業收入差距的主要原因。

一些學者認為，產業結構優化升級必然導致行業收入差距產生。吳衛平（1996）認為，隨著經濟發展，朝陽工業經濟效益好，行業職工收入高，反之傳統行業技術附加值低，行業職工收入較低，因而在產業

結構優化升級過程中，出現行業收入差距是不可避免的。蘇雪串（2002）認為，不同行業在產業結構調整的過程中，面臨不同的行業競爭環境，自身勞動生產率出現差異，導致行業職工收入增長率出現差異，從而引起行業收入差距。

(四) 行業勞動生產率的差異

行業勞動生產率的差異對行業收入差距的貢獻也不可小覷。杜健、張大亮等（2006）以行業名義收入作為被解釋變量，以行業勞動生產率等因素作為解釋變量建立迴歸方程，發現行業勞動生產率對行業的名義收入影響顯著。李曉寧、邱長溶（2007）通過計量模型分析和 Chow 檢驗，同樣驗證了行業勞動生產率差異是行業收入差距的重要原因。伏帥、龔志民（2008）利用逐步迴歸法建立多元迴歸模型，分析發現行業勞動生產率、行業人力資本水平和行業壟斷的差異導致了行業收入差距，且均對收入差距產生正向影響。張世銀、龍瑩（2010）利用 2003—2008 年 19 個行業的數據建立面板模型，分析不同因素對行業收入差距的影響，發現行業勞動生產率是決定行業收入差異的重要因素，壟斷和人力資本水平也產生了一定影響。

(五) 收入分配製度及中國市場經濟不夠完善

在市場經濟體制下，必然會出現收入差距，並且中國的市場經濟體制和相關分配政策本身不完善，又進一步加劇了行業收入差距的擴大。王曉英（2000）認為，行業收入差距的擴大和中國的分配製度有顯著關係。計劃經濟體制下，中國實行全國統一的分配方案，「平均分配」的體制下各行業職工工資差距不大，進入市場經濟之後，職工工資和企業的經濟效益掛鉤，資源稟賦、市場環境或國家政策等因素導致不同企業的經濟效益差異很大，進而使企業支付的職工工資產生差異，出現行業收入差距。金玉國、張偉、康君（2003）利用 Granger 檢驗驗證了行

業的市場化程度差異是行業間工資水平差異的原因，並且發現行業的市場化程度提高，行業內單位職工的平均工資水平會降低。劉小玄、曲玥（2008）建立工資決定模型發現，外部市場和製度特徵比人力資本對工資的影響更為重要。

四、縮小行業收入差距的政策建議

在研究行業收入差距的基礎上，學者們從不同角度提出了降低行業收入差距的具體措施。總的來看，可以歸納為四個方面。

(一) 充分發揮市場機制作用、打破壟斷

行業間不合理的收入差距，很大程度上歸因於行業壟斷。對此理論界一致認為：要想改善這種狀況，必須充分發揮市場機制作用，引入競爭，打破行業壟斷，從而實現各行業之間的公平發展。張雅光、田玉敏等（2003）指出為降低行業收入差距，國家需制定反壟斷法，消除壟斷行業的市場准入障礙。王軍、張蘊萍（2005）認為，如果沒有打破行政壟斷、區分純粹的自然壟斷、對自然壟斷進行以引入競爭為目的的管制等一系列前提性的改革，而只是單純地採取宏觀調控的措施，通過再分配手段來降低壟斷行業的過高收入是不可能有顯著成效的。治本之策必須是首先通過產權製度改革打破行政性壟斷，還自然壟斷以本來面目；然後在自然壟斷企業生產環節引入競爭機制，降低成本，提高效率，限制企業謀取高額利潤的行為；最後通過政府再分配手段來進一步調節行業之間的收入差距。刑方（2006）提出應切斷政府部門和壟斷行業利益紐帶，讓政府真正實現市場監管者的職能；降低部分行業的市場准入門檻，讓民營企業和外資企業積極參與競爭，逐步構建壟斷行業的有效競爭格局。汪雷、張武強（2006）對壟斷造成的行業收入差距提出了三個建議：一是對於自然壟斷性行業要最大限度地引入競爭；二

是對非自然壟斷行業，要消除行業壁壘，允許其他所有制企業進入以開展公平競爭；三是對國家壟斷經營的行業如電力、煤氣、水的生產和供應，政府要監管。傅娟（2008）、任重和周雲波（2009）也提出了類似的觀點。

(二) 提高行業人力資本水平和勞動生產率

在當代知識經濟的大背景下，人力資本水平對收入的影響日益重要。為了降低行業間收入差距，國家應增加教育經費支出，提高勞動者受教育水平，對在職員工開展各類職業技能培訓，來降低因人力資本水平差異造成的行業收入差距。荀關玉（2005）研究發現，2001年中國收入最高的行業（科學研究）和收入最低的行業（農、林、牧、漁業）的合理收入差距極值比為2.96，這種合理的收入差距主要是人力資本水平差異造成的，只能通過縮小行業間的人均受教育年限差異來降低合理差距。其他很多學者也基於人力資本視角提出了降低行業收入差距的具體政策建議，主要集中在提高行業從業者受教育水平和加強職業技能培訓兩方面。

行業勞動生產率不同也是造成行業收入差距的一個重要原因，因此勞動生產率相對較低的行業的企業應採取各種措施來全方位提高其生產效率。對於如何提高勞動生產率來降低行業收入差距，學者們極少給出具體措施。

(三) 盡快培育完善的勞動力市場

中國勞動力市場存在嚴重分割現象，壟斷性行業也存在一定的勞動力進入壁壘，致使中國的勞動力不能自由合理流動，市場中勞動力價格不能被正確定價，最終引起行業收入差距擴大。因此，要建立完善的勞動力市場，促進勞動力自由流動，發揮市場機制在資源配置中的作用。對此，也有一些學者提出了改善意見。王曉英（2000）提出，可以從

兩方面入手來完善中國的勞動力市場：一是要採用規範勞動合同制，使之符合市場經濟體制要求；二是要改革完善現行的職工工資製度。陳菲（2003）在研究行業收入差距時，提出要打破中國長期以來嚴格實行的戶籍管理和人事工資關係等各方面的限制，建立統一完善的勞動力市場，保證勞動者自由擇業。

（四）發揮政府宏觀調控的作用

政府作為公共權力機構，可以利用多種手段進行收入分配管理辦法的改革，對行業收入分配進行必要的調控，降低行業間收入差距，盡力保證收入分配的公平和有效。對此，學者們從不同角度提出了很多調控措施。冷崇總（1997）認為，對於壟斷行業的收益，政府應提前提取國家投資收益和因為行政壟斷形成的壟斷經營超額利潤，然後對剩餘收益進行收入分配，以此來降低壟斷行業的高收入。王曉英（2000）提出，政府應該徹底改革過去低工資、高福利的傳統分配格局，改變原有的按照國家政策來制定職工工資級別的辦法，引入合同工資制，保證不同行業工資公平合理。宗文英、趙建國（2000）提出，政府應該建立針對國有資源的有償佔有和收益評價製度，通過對佔有國有資產的企業徵收資源稅等形式進行收益調節，減少其高額收入。胡靜波、李立（2002）提出，國家應控製壟斷性行業的工資總額和工資水平，直接管理壟斷性企業的工資收入分配。肖玉明（2004）認為，要對壟斷性行業徵收壟斷性稅種，降低其不合理高工資收入，調節行業收入差距。李昌和（2004）認為，應根據不同行業的實際情況制定稅種和稅率，區別對待來調節行業收入差距。楊宜勇（2005）認為，應加大壟斷性企業工資外收入的管理力度，清理壟斷性企業的小金庫，規範壟斷性企業支付給職工的福利標準，並且要規範管理帳外收入。刑方（2006）提出，規範分配秩序，實行統一的收入稅制和收入申報製度，逐步統一城

鄉稅制，合理調節少數壟斷性行業的收入分配。

此外，還有學者從完善社會保障製度、深化財稅製度改革等方面提出了一些措施意見。李布和、陶繼坤（2009）在研究行業收入差距時，分析了社會保障製度在企業與機關事業單位之間、壟斷與非壟斷行業之間的差異，在此基礎上可以通過完善社會保障製度來降低行業間的收入差距：一方面要加快中國事業單位社會保障製度改革進程，另一方面要完善壟斷行業的社會保障製度。

第三節　相關概念的界定與說明

一、行業與行業分類

行業一般是指生產同類產品或提供同類勞動服務或具有相同工藝過程的經濟活動類別。中國於1984年首次發布實施《國民經濟行業分類》國家標準，之後根據經濟發展和產業結構調整對該標準做過三次修訂：1994年進行了第一次修訂，形成《國民經濟行業分類》（GB/T 4754-1994）；2002年進行了第二次修訂，形成了《國民經濟行業分類》（GB/T 4754-2002）；2011年進行了第三次修訂，該行業標準《國民經濟行業分類》（GB/T 4754-2011）由國家統計局起草，國家質量監督檢驗檢疫總局、國家標準化管理委員會批准發布，於2011年11月1日起實施。

中國國民經濟行業採取四級劃分法，分為門類、大類、中類和小類4個層次。《國民經濟行業分類》（GB/T 4754-1994）中，共有16個門類，92個大類，368個中類，846個小類。與國際標準產業分類（ISIC/

Rev3）相比較，中國的行業劃分的層次和國際標準分類一致，但在各層次的劃分中行業類別的數目存有差異。《國民經濟行業分類》（GB/T 4754-1994）在門類、大類、中類和小類上分別比國際標準多了 3 個、35 個、239 個和 621 個類別。《國民經濟行業分類》（GB/T 4754-2002）中，共有 20 個門類、95 個大類、396 個中類、913 個小類。2003 年《中國統計年鑒》對行業分類標準進行了調整，將中國行業調整為 19 個門類，分別為：農、林、牧、漁業，採礦業，製造業，電力、燃氣及水的生產和供應業，建築業，交通運輸、倉儲和郵政業，信息傳輸、計算機服務和軟件業，批發和零售業，住宿和餐飲業，金融業，房地產業，租賃和商務服務業，科學研究、技術服務和地質勘查業，水利、環境和公共設施管理業，居民服務和其他服務業，教育，衛生、社會保障和社會福利業，文化、體育和娛樂業，公共管理和社會組織。最近的 2011 年的修訂除參照 2008 年聯合國新修訂的《國際標準行業分類》修訂四版（簡稱 ISIC4）外，主要依據中國近年來經濟發展狀況和趨勢，對門類、大類、中類、小類做了調整和修改。本書在分析時主要採用門類劃分法，個別地方用到大類劃分法。

二、收入與行業收入

本書中提到的收入是指個人收入。個人收入是指一定時間內勞動者從事各類經濟活動獲取的所有勞動報酬。廣義的收入由物質收入和精神收入兩部分組成。物質收入包括貨幣收入和實物收入，其中實物收入可以還原為貨幣收入。精神收入是指人們在工作中得到精神上的滿足，比如獲得的舒適感、內心成就感、價值實現感、內心滿意度，等等。因為不同個體價值觀差異很大，導致精神收入很難準確度量，因而本書中所指收入僅為物質收入。

對於行業職工或就業人員而言，其在工作中獲得的物質收入包括工資收入和工資外收入。但因為工資外收入很難統計，現有各種統計資料上的行業職工或行業就業人員收入數據都只包括行業工資收入。事實上，行業的統計外非工資收入也是職工收入的重要組成部分，它包括從單位獲得的住房、養老保險、醫療、教育、交通、旅遊等統稱為「暗補」的收入。而對於某些壟斷行業職工來說，其所得的壟斷行業權力尋租收入在職工收入中佔有相對大的比重，但工資外收入數據不易統計，因此在本研究中，忽略了工資外收入對行業收入差距的影響。本書中所指行業收入用行業的平均工資來表示。

工資是針對職工或就業人員來說的。職工是指在國有、城鎮集體、聯營、股份制外商和港澳臺地區投資、其他單位及其附屬機構工作，並由其支付工資的各類人員。就業人員是指從事一定社會勞動並取得勞動報酬或經營收入的人員，指期末最後一日在各類單位中工作，並取得工資或其他形式勞動報酬的人員數。顯然，就業人員反應了一定時期內全部勞動力資源的實際利用情況，其包括的範圍遠遠大於職工的範圍。因為國家統計局在不同時期的數據指標不一致，因而本研究在進行分析時，各層次不同時期使用不一樣的指標。研究中國總體行業收入分布時，2003年之前使用職工平均工資代表行業收入，2003年之後則使用單位就業人員平均工資代表行業收入；研究各地區行業收入分布時，2008年之前使用職工平均工資代表行業收入，2008年之後使用單位就業人員平均工資代表行業收入。同樣在計算收入差距時，使用的人口數指標（職工人數或就業人員數）也相應發生變化。

第三章 中國行業收入差距的統計分析

第一節 行業收入差距測度指標

研究行業收入差距有很多度量方法,主要分為兩類:絕對指標和相對指標。前者的常用指標主要有極值差、極值比和標準差等。後者的常用指標主要有變異系數、基尼系數和泰爾指數等。在實際測量行業收入差距時,我們主要使用統計變異指標、基尼系數、泰爾指數。

一、統計變異指標

簡單衡量行業收入差距的方法是比較兩個行業收入絕對水平之間的差距,這樣可以直觀地反應出兩者差距的大小,常用的有極值差和極值比兩個指標。

極值差:最高行業職工平均工資減去最低行業職工平均工資。該數值越大,則可以初步認為行業間收入差距越大。

極值比:最高行業職工平均工資除以最低行業職工平均工資。該數值越大,則可以認為行業間收入差距越大。

除此之外,統計學中還給出了另外兩個測度數據集離散程度的指標,即標準差和變異系數。

標準差：是各數據偏離平均數的距離的平均數，它是離均差平方和平均後的方根，用 σ 表示。標準差是方差的算術平方根。標準差能反應一個數據集的離散程度。平均數相同，標準差未必相同。計算公式如下：

$$\sigma = \sqrt{\frac{1}{N}\sum_{i=1}^{N}(x_i - u)^2} \qquad (3-1)$$

行業收入標準差越大，則說明各行業之間收入分配的離散程度越大，換句話說即行業收入差距越大。

變異系數：變異系數是衡量資料中各觀測值變異程度的另一個統計量。當進行兩個或多個數據離散程度的比較時，如果度量單位和平均數都相同，那麼可以直接利用標準差來比較。如果度量單位或平均數不相同，則不能直接用標準差來進行比較，而應該使用變異系數 C·V（標準差/平均數）來進行比較。變異系數主要適用於度量單位不同或者平均數不同的多個統計量的離散程度。用變異系數來計算行業間收入差距，該數值越大，說明不同行業間收入的離散程度越大，即行業收入不平等程度越大。

二、基尼系數

洛倫茲曲線是美國統計學家洛倫茲（M. O. Lorenz）在研究國民收入在國民之間的分配問題時提出來的。洛倫茲先將一國的所有人口按收入由低到高排隊，然後從最低收入人口累計開始計算任意百分比人口所得到的收入百分比。如圖 3-1 所示，橫軸為人口的累計百分比（人口按收入從低到高排列），縱軸為收入的累計百分比，圖中曲線 *ODL* 即為洛倫茲曲線。

洛倫茲曲線的彎曲程度反應了收入分配的不平等程度。彎曲程度越

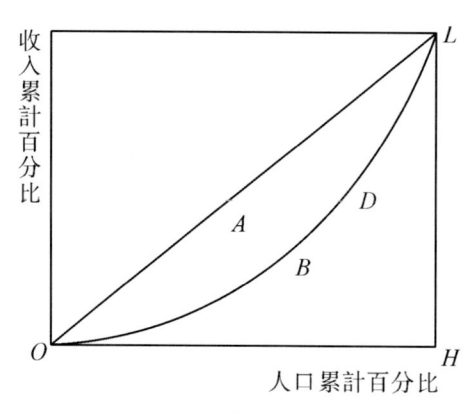

圖 3-1 洛倫茲曲線

大，表明收入差距越大；彎曲程度越小，表明收入差距越小。如果一個人掌握了所有收入，其餘人口一無所有，這時候我們說收入分配達到完全不平等，此時洛倫茲曲線為圖中折線 OHL；另外，如果其中任何的人口百分比都等於其收入百分比，也即是說從低到高的人口累計百分比等於該部分人口的收入累計百分比，那麼洛倫茲曲線即為通過原點的 45°線 OL，即收入分配是完全平等的。因此，可以看出洛倫茲曲線越向外凸出，則它與完全平等線 OL 之間的面積越大，則收入分配越不平等。

將洛倫茲曲線與 45°線之間的部分 A 稱為「不平等面積」；OHL 與 45°線之間的面積 A+B 就是「完全不平等面積」。基尼系數便是在洛倫茲曲線的基礎上計算出來的。基尼系數即為不平等面積 A 與完全不平等面積 A+B 的比值，它是衡量收入分配差距的一個重要標準。設 G 為基尼系數，則基尼系數表示為：

$G = A/(A+B)$ $(0 \leq G \leq 1)$

$A = 0$，$G = 0$，收入分配絕對平等；

$B = 0$，$G = 1$，收入分配絕對不平等。

西方經濟學家普遍公認基尼系數是衡量收入分配不平等的一個重要

方法，同時它也被很多現代國際組織（如聯合國）用來衡量各國收入分配。

按照現在國際上的通用標準，將不同區間基尼系數含義表示如下：

小於 0.2 表示收入分配絕對平均；

0.2~0.3 表示收入分配比較平均；

0.3~0.4 表示收入分配基本合理；

0.4~0.5 表示收入分配差距較大；

0.5 以上表示收入分配差距特別嚴重。

三、泰爾指數

Cowell（1977，1995）、Cowell 和 Kuga（1981）將熵引入並構建了廣義熵指數（GE index），作為收入不平等的一般性指數，泰爾指數（Theil index）是其特例。對於分組數據，國際上通常用以下公式：

$$T = \sum_i \sum_j \left(\frac{Y_{ij}}{Y}\right) \ln\left(\frac{\frac{Y_{ij}}{Y}}{\frac{N_{ij}}{N}}\right) \tag{3-2}$$

$$T_w = \sum_i \left(\frac{Y_i}{Y}\right) T_{wi} = \sum_i \sum_j \left(\frac{Y_i}{Y}\right)\left(\frac{Y_{ij}}{Y_i}\right) \ln\left(\frac{\frac{Y_{ij}}{Y_i}}{\frac{N_{ij}}{N_i}}\right) \tag{3-3}$$

$$T_b = \sum_i \left(\frac{Y_i}{Y}\right) \ln\left(\frac{\frac{Y_i}{Y}}{\frac{N_i}{N}}\right) \tag{3-4}$$

$$T_{wi} = \sum_j (\frac{Y_{ij}}{Y_i}) \ln\left(\frac{\frac{Y_{ij}}{Y_i}}{\frac{N_{ij}}{N_i}}\right) \qquad (3-5)$$

這幾個公式實際上適用於進行了兩次分組的數據，即每一基本收入單元中又有若干亞收入單元，公式（3-2）計算的是整體泰爾指數，公式（3-3）計算的是組內泰爾指數，公式（3-4）計算的是組間泰爾指數，公式（3-5）計算的是每一個基本收入單元內泰爾指數。這裡的 Y_{ij} 和 N_{ij} 代表基本收入單元中的亞收入單元的收入和人口。Y_i 和 N_i 分別是第 i 個地區或者分組的總收入和總人口，Y 和 N 則為總收入和總人口數量。用泰爾指數越大，收入差距越大。用泰爾指數來衡量不平等的一個最大優點是，它可以用作群體分割分析，即可以將收入依據某一特性分為若干單位，從而得出造成收入差距大小的是哪一個單位，也可以衡量組內差距和組間差距對總體差距的貢獻。可以表示為：$T = T_w + T_b$，即不存在交叉項的問題，同時組內差距還可以再被細分為各組內部差距之和。

在上述幾種測度指標中，極值比和極值差比較簡單直觀，但是它只反應最高收入行業和最低收入行業的差距，對於中間行業差距的變動情況則不能說明，有很大的局限性。標準差和變異系數只是對各行業收入的離散程度進行的度量，卻沒有考慮到不同行業的職工人數或就業人員數的影響。基尼系數和泰爾指數均考慮到了不同行業人口權重對行業收入差距的影響。基尼系數的應用較為廣泛，但是它對低收入階層的收入比重的變化不敏感，即當低收入階層的收入比重發生較大變化時，反應到基尼系數值的變化卻很小，它對中間階層收入的變動比較敏感；另外，分組越少，越會低估收入差距。泰爾指數同樣有上述缺點，它對兩端（高收入和低收入階層）收入的變動比較敏感；分組越細，得出的數

值越大。但是泰爾指數的最大優點是，它不僅可以知道總體間的差距，同時也可以知道單位間差距的大小以及單位內部差距，即可以進行群體分割分析。

第二節　中國行業收入差距演變趨勢分析

進入 2016 年，中國的改革開放偉業已經走過了 30 多年的歷程。30 多年來，在 GDP 持續快速增長的同時，各行業的平均工資收入普遍上升較快。1978—2014 年，職工人均工資年均名義增長率為 13.4%，各行業中工資增長最慢的農、林、牧、漁業也實現了 12.6% 的人均工資增長率。然而，在各行業工資收入普遍增長的同時，行業間的工資差異在逐步拉大：1978 年，在國家統計局劃分的 15 個門類行業中，工資收入最高的電力、煤氣及水的生產和供應業與工資收入最低的社會服務業人均工資之比僅為 2.17；2014 年，全國門類行業中工資收入最高的金融業與工資收入最低的農、林、牧、漁業人均工資之比高達 3.82，全國這一比值最大的西藏自治區已經接近 10 倍（其中金融業平均工資為 137,736 元，農、林、牧、漁業平均工資為 13,948 元）。因此可以看出，行業間收入差距的增長趨勢非常明顯。

一、各行業平均工資及增長速度不同

鑒於國家統計局行業統計標準的變化，1978—1992 年期間行業門類數據為 15 個，1993—2002 年行業門類數據為 16 個，增加了一個「其他」項，2003—2014 年行業門類數據為 19 個。因此為了進行有效的區別，我們分成 1978—2002 年和 2003—2013 年兩個時間段進行分

析，其中對 1993—2002 年的「其他」項不予分析，前者分析 15 項行業門類，後者分析 19 項行業門類。

　　改革開放後，中國經濟發生了翻天覆地的變化，居民的收入水平得到了顯著提高。1978—2002 年的這個階段，正是中國經濟增長速度最快的時期，各種經濟指標增速明顯，職工平均工資也不例外。1978 年全國職工平均工資為 615 元，2002 年增長到 12,422 元，是 1978 年的 20 倍。為比較不同行業職工平均工資的變化情況，我們利用歷年《中國統計年鑒》的行業職工平均工資數據繪出圖 3-2，從中可以看出各個行業的平均工資均在逐年提高，且增速很大，但各行業的增長幅度卻不盡相同。其中，社會服務業和金融保險業增長速度最快：社會服務業 2002 年的平均工資為 13,499 元，是 1978 年平均工資 392 元的 34 倍；金融保險業 2002 年的平均工資為 19,135 元，是 1978 年平均工資 610 元的 31 倍。農、林、牧、漁業和製造業增長速度最慢，但是也都接近 13 倍。從圖 3-2 可以看出，在這 25 年間，職工平均工資較低的行業有：農林牧漁業，製造業，建築業，批發零售貿易和餐飲業，這幾個行業在 25 年期間內的平均收入低於 5,000 元。職工平均工資最高的前三位為：科學研究和綜合技術服務業，金融、保險業，電力、燃氣及水的生產和供應業。另外，從圖 3-2 中我們可以清晰地看出，同一年份內不同行業的平均工資差異很大，並且行業間收入差距在逐年增大，其中極值差從 1978 年的 458 元上升到 2002 年的 12,737 元。

　　按照同樣的方法繪製 2003—2014 年各行業平均工資的變化趨勢圖 3-3，需要注意的是，因為《中國統計年鑒》指標的變化，此處使用各行業城鎮單位就業人員平均工資數據。

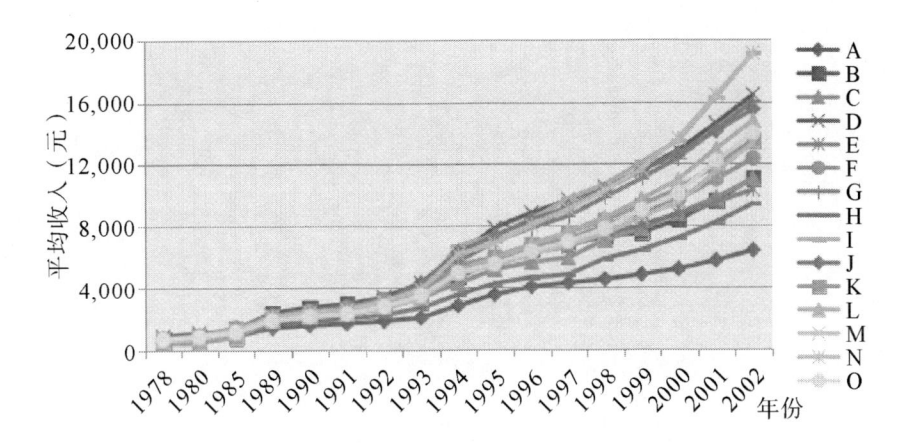

图 3-2　1978—2002 年各行业平均工资变化趋势

註：A——農、林、牧、漁業；B——採礦業；C——製造業；D——電力、燃氣及水的生產和供應業；E——建築業；F——地質勘查業、水利管理業；G——交通運輸、倉儲和郵政通信業；H——批發零售貿易和餐飲業；I——金融、保險業；J——房地產業；K——社會服務業；L——衛生、體育和社會福利業；M——教育、文化藝術和廣播電影電視業；N——科學研究和綜合技術服務業；O——國家機關、政黨機關和社會團體。[1]

　　從圖 3-3 中可以看出，2003—2014 年，增長較快的行業有：金融業，批發和零售業，採礦業。其中，前兩個行業的增長幅度超過 400%，採礦業的增長幅度也有 350%。增長相對較慢的行業為房地產業；信息傳輸、軟件和信息技術服務業；居民服務、修理和其他服務業，雖相對增長較慢，但增長幅度也都在 230% 左右。同時利用各行業具體數據，可以計算出行業收入極值差（行業收入差距的絕對指標）從 2003 年的 24,013 元擴大到 2014 年的 79,917 元，增長了 233%。在這個時期內平

---

[1] 《國民經濟行業分類》（GB/T 4754–1994），此處缺少行業門類 P 項：其他行業。

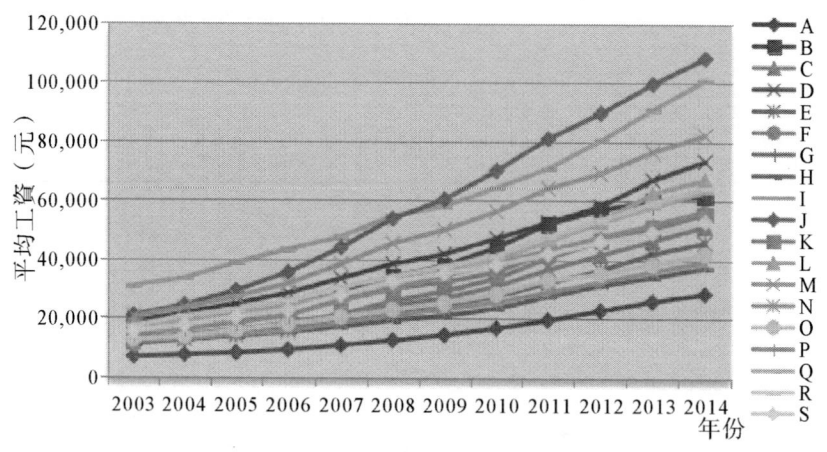

图 3-3　2003—2014 年各行業平均工資變化趨勢

註：A——農、林、牧、漁業；B——採礦業；C——製造業；D——電力、燃氣及水的生產和供應業；E——建築業；F——批發和零售業；G——交通運輸、倉儲和郵政業；H——住宿和餐飲業；I——信息傳輸、計算機服務和軟件業；J——金融業；K——房地產業；L——租賃和商務服務業；M——科學研究、技術服務和地質勘查業；N——水利、環境和公共設施管理業；O——居民服務、修理和其他服務業；P——教育；Q——衛生和社會工作；R——文化、體育和娛樂業；S——公共管理、社會保障和社會組織.[①]

均工資處於下游的行業主要有：農、林、牧、漁業，住宿和餐飲業，水利、環境和公共設施管理業，居民服務和其他服務業，製造業，建築業。到 2014 年，只有農、林、牧、漁業年平均工資低於三萬元。平均工資水平處於上游的行業有：電力、燃氣及水的生產和供應業，信息傳輸、計算機服務和軟件業，金融業，科學研究、技術服務和地質勘查業。

---

① 《國民經濟行業分類》（GB/T 4754-2002），此處缺少行業門類 T 項：國際組織.

二、改革開放後行業收入差距擴大

從上面的分析中我們可以初步看出，從 1978 年到 2011 年，行業最高收入和最低收入之間差距在逐步擴大，為了更全面準確地闡述行業收入差距的變化趨勢，我們根據《中國統計年鑒》不同時期的數據，通過整理和計算，獲得行業最高工資、行業最低工資、行業工資極值差、行業工資極值比等統計絕對指標，如表 3-1 所示。

表 3-1　　　　　　　　行業收入差距絕對指標

年份	平均工資（元）	最高工資（元）	最低工資（元）	極值差	極值比	年份	平均工資（元）	最高工資（元）	最低工資（元）	極值差	極值比
1978	615	850	392	458	2.17	1997	6,470	9,434	4,311	5,123	2.19
1979	668	941	421	520	2.24	1998	7,479	10,633	4,528	6,105	2.35
1980	762	1,035	475	560	2.18	1999	8,346	12,046	4,832	7,214	2.49
1981	772	1,045	478	567	2.19	2000	9,371	13,620	5,184	8,436	2.63
1982	798	1,067	484	583	2.20	2001	10,870	16,437	5,741	10,696	2.86
1983	826	1,104	508	596	2.17	2002	12,422	19,135	6,398	12,737	2.99
1984	974	1,321	588	733	2.25	2003	13,969	30,897	6,884	24,013	4.49
1985	1,148	1,406	777	629	1.81	2004	15,920	33,449	7,497	25,952	4.46
1986	1,329	1,604	980	624	1.64	2005	18,200	38,799	8,207	30,592	4.73
1987	1,459	1,768	1,085	683	1.63	2006	20,856	43,435	9,269	34,166	4.69
1988	1,747	2,025	1,280	745	1.58	2007	24,721	47,700	10,847	36,853	4.40
1989	1,935	2,378	1,389	989	1.71	2008	28,898	54,906	12,560	42,346	4.37
1990	2,140	2,718	1,541	1,177	1.76	2009	32,244	60,398	14,356	46,042	4.21
1991	2,340	2,942	1,652	1,290	1.78	2010	36,539	70,146	16,717	53,429	4.20
1992	2,711	3,392	1,828	1,564	1.86	2011	41,799	81,109	19,469	61,640	4.17
1993	3,371	4,320	2,042	2,278	2.12	2012	46,769	89,743	22,687	67,056	3.96

表3-1(續)

年份	平均工資(元)	最高工資(元)	最低工資(元)	極值差	極值比	年份	平均工資(元)	最高工資(元)	最低工資(元)	極值差	極值比
1994	4,538	6,712	2,819	3,893	2.38	2013	51,483	99,653	25,820	73,833	3.86
1995	5,500	7,843	3,522	4,321	2.23	2014	56,360	108,273	28,356	79,917	3.82
1996	6,210	8,816	4,050	4,766	2.18						

註：1978—2002年行業收入指標為職工平均工資，2003—2011年該指標為就業人員平均工資，兩者均為當年名義數據。通過對2003—2008年相同年份兩個指標數據的比較，可知兩者差異很小，因此不做區分處理。

從表3-1中可以看出，1978年以來，中國職工工資持續增長。全國職工平均工資從1978的615元增加到2014年的56,360元，年均名義增長率為13.4%，增長了90.64倍。與此同時，行業之間的收入差距也在持續擴大，行業收入極值比從2.17提高到4.17。行業最高工資和行業最低工資之間的極值差從458元擴大到79,917元，平均每年增長率為15.4%，擴大了173.49倍。行業絕對收入差距擴大的速度整體上超過了全國平均工資的增長速度。

為更直觀地比較兩者之間的差異，用全國平均工資與行業工資極值差作走勢對比圖。如圖3-4所示，在行業收入差距和全國平均工資均上升的過程中，1978—1992年兩者增長速度差距不大。但1992年以後，行業收入極值差增加的速度明顯加快，2002年以後更是急遽上升。從中可以看出，2002年行業工資極值差達到12,737元，而同年全國平均工資水平僅為12,422元，行業收入之間的差距首次超過了全國平均工資本身。2014年，全國平均工資為56,360元，行業絕對收入差距是平均工資的1.42倍。

上面的分析僅僅是行業門類之間的收入差距。如果按行業大類細分，這一差距將會更大。2011年，職工平均工資水平最高的行業為證

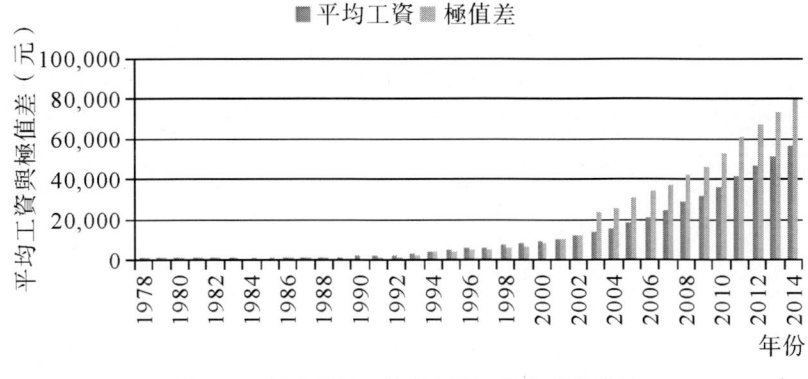

圖 3-4　社會平均工資與行業工資極值差對比

券業，為 156,662 元；最低的行業為畜牧業，為 16,636 元，兩者相差了 140,026 元，極值比為 9.42，比行業門類平均工資極值比高出 2 倍多。此外，如果考慮到住房、醫療、福利等其他非工資性收入，甚至一些灰色收入，行業之間的極值比則更大。

表 3-1 中絕對指標都各有缺陷，因為平均工資使用的是名義數據，沒有考慮到通脹的影響，因而極值差會擴大實際收入差距，而極值比只能反應最高和最低行業的收入差距，不能反應中間收入群體。基於絕對指標的這些不足，下面使用相對指標來進行分析。因單一相對指標的局限性，本研究結合幾種指標使用，如果不同指標都顯示相同的變化趨勢，那麼我們可以認為這種變化是可信的，因此在表 3-2 中計算出了變異系數、基尼系數和泰爾指數三種不同類型的相對指標。需要說明的是，如按細分行業計算，各種指數都會上升，如 2008 年變異系數為 0.633,5，基尼系數為 0.184,1，泰爾指數為 0.060,4，和表 3-2 中同年各數據相比都增大明顯，但因為數據不全，因而本研究是按行業門類劃分標準對行業收入差距進行計算，這在一定程度上低估了收入差距水平。另外，因指數絕對值較小，不方便比較，為了更準確地表示出行業收入差距的變動

趨勢，我們把 1978 年作為基年，計算出了各年指數的相對值。

表 3-2　　　　　　　　　　行業收入差距相對指標

年份	絕對值			相對值		
	變異系數	基尼系數	泰爾指數	變異系數	基尼系數	泰爾指數
1978	0.181,0	0.067,6	0.008,0	100.00	100.00	100.00
1979	0.179,6	0.063,4	0.007,2	99.23	93.79	90.00
1980	0.172,4	0.058,3	0.006,3	95.25	86.24	78.75
1981	0.173,6	0.067,1	0.006,5	95.91	99.26	81.25
1982	0.179,2	0.067,4	0.007,1	99.01	99.70	88.75
1983	0.176	0.064,2	0.006,9	97.24	94.97	86.25
1984	0.178,4	0.067,3	0.007,9	98.56	99.56	98.75
1985	0.152,5	0.063,2	0.007,2	84.25	93.49	90.00
1986	0.139,8	0.062,2	0.007,2	77.24	92.01	90.00
1987	0.138,7	0.061,8	0.007,1	76.63	91.42	88.75
1988	0.109,6	0.059,4	0.007,0	60.55	87.96	87.50
1989	0.126,2	0.059,6	0.007,2	69.72	88.14	90.00
1990	0.135,9	0.064,8	0.007,8	75.08	95.77	97.50
1991	0.140,8	0.065,8	0.008,1	77.79	97.37	101.25
1992	0.143,3	0.068,9	0.008,6	79.17	101.89	107.50
1993	0.164,9	0.073,9	0.010,9	91.10	109.33	136.25
1994	0.197,4	0.090,6	0.014,5	109.06	134.05	181.25
1995	0.189,4	0.082,8	0.012,6	104.64	122.41	157.50
1996	0.195,9	0.089,8	0.014,0	108.23	132.86	175.00
1997	0.216,3	0.102,1	0.017,7	119.50	151.03	221.25
1998	0.209,5	0.089,9	0.015,1	115.75	133.00	188.75
1999	0.221,4	0.098,9	0.017,3	122.32	146.29	216.25
2000	0.229,7	0.100,5	0.018,2	126.91	148.62	227.50
2001	0.244,7	0.111,3	0.021,3	135.19	164.66	266.25
2002	0.253,5	0.114,8	0.022,6	140.06	169.80	282.50
2003	0.330,9	0.118,3	0.026,5	182.82	175.01	331.25
2004	0.323,6	0.120,1	0.027,0	178.78	177.65	337.50
2005	0.336,8	0.126,9	0.030,1	186.08	187.69	376.25

表3-2(續)

年份	絕對值			相對值		
	變異系數	基尼系數	泰爾指數	變異系數	基尼系數	泰爾指數
2006	0.342,9	0.129,8	0.031,7	189.45	191.95	396.25
2007	0.341,4	0.146,1	0.034,1	188.62	215.98	426.25
2008	0.351,0	0.141,8	0.034,1	193.92	209.76	426.25
2009	0.344,2	0.139,4	0.035,8	190.17	206.10	447.50
2010	0.346,1	0.138,0	0.035,4	191.22	204.10	442.50
2011	0.335,3	0.131,5	0.032,7	185.25	194.39	408.75
2012	0.330,8	0.125,6	0.030,3	182.76	185.80	378.75
2013	0.334,7	0.118,1	0.028,2	184.91	174.70	352.50
2014	0.335,4	0.116,1	0.027,8	185.30	171.75	347.50

註：1978—1992年行業門類為15個，1993—2002年行業門類為16個，2003—2014年行業門類為19個，行業分類不同引起指數計算發生差異，但因為差異不大，所以在進行分析時並不特意區分時間段.

為了更直觀地比較行業間收入差距的變化軌跡，利用表3-2中的變異系數、基尼系數和泰爾指數繪製出圖3-5。從圖中可以看出，中國整體的行業收入差距在振蕩中逐步擴大，但不同歷史階段會呈現不同的變化趨勢。

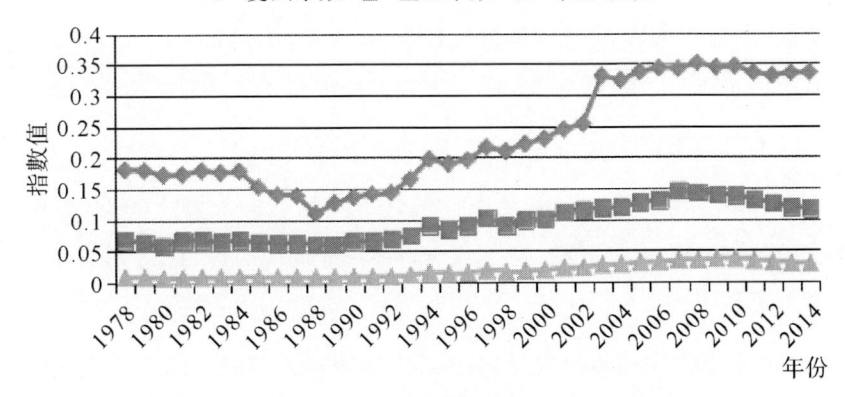

圖3-5 行業收入差距相對指標（1978—2014年）

從上面的圖3-5中可以看出，儘管三個指標的變動軌跡有所差異，但基本走勢大致相同，有明顯的規律可循。再結合表3-1和表3-2分析，整體行業收入差距的變化可以分為三個主要階段。

第一階段：1978—1988年，行業收入差距為持續縮小階段。在這個時期，中國行業間收入差距不大，且呈現逐步縮小趨勢。1978年中國所有行業的平均工資為615元，其中最高收入行業為壟斷性行業電力、煤氣及水的生產和供應，該行業的職工平均工資為850元；最低收入行業為社會服務業，其行業職工平均工資為392元。這兩個行業之間的極值差為458元，極值比為2.17。改革開放之後，經濟發展迅速，到1988年，整個社會的職工平均工資增長到1,747元。這時，最高收入行業轉變為地質勘查業、水利管理業，其行業職工平均工資為2,025元；最低收入行業為農林牧漁業，其行業職工平均工資為1,280元。兩個行業的極值差增加到745元，極值比從1978年的2.17下降到1988年的1.58。另外，從表3-2和圖3-5中也可以清楚地看出，這段時間內三種指標都顯示出行業收入不平等縮小的主流趨勢。和1978年的基期作比較，1988年三個測度指標的相對值分別為60.55%、87.96%和87.50%。為什麼在這段時間行業收入差距會縮小呢？可能是因為在改革開放初期，中國政府首先進行農村改革，比如家庭聯產承包責任制的實施，從而使農業從業人員的收入得到顯著提高，這樣導致收入最低行業的農林牧漁業和其他行業收入之間的差距有所下降。

第二階段：1989—2002年，行業收入差距為逐步擴大階段。1992年，中國政府確立了建立社會主義市場經濟體制的改革目標，進一步加快了改革開放的步伐，實體經濟發展迅速。伴隨著經濟的快速發展，行業之間的收入差距逐步擴大。1989年中國所有行業的平均工資為1,935元，其中最高收入行業為採掘業，其行業職工平均工資為2,378元；最

低收入行業為農林牧漁業，其行業職工平均工資為1,389元。這兩個行業之間的極值差為989元，極值比為1.71。到2002年，所有行業職工平均工資增長到12,422元，可以看出社會平均工資增長迅速。這時最高收入行業轉變為金融、保險業，其行業職工平均工資為19,135元；最低收入行業為農林牧漁業，其行業職工平均工資為6,398元。兩個行業的極值差增加到12,737元，極值比為2.99。在這十餘年時間，極值比從1.71上升到2.99，同時經過計算，和1989年相比，2002年變異系數提高了100.87%，基尼系數提高了92.62%，泰爾指數更甚，提高了213.89%，行業間收入差距顯著提高。主要是因為這段時期內，中國加快了經濟體制改革步伐，所有制結構多元化發展，市場機制作用增強。

第三階段：2003—2014年，行業收入差距增長趨於平緩。通過對測度指標的仔細觀察，我們可以把這段時期再分成兩個階段，2003—2006年和2007—2014年。2003—2006年中國市場化改革繼續深化，但是中國的稅收和社會保障製度不完善，相應法律法規不夠健全，市場經濟體制不夠完善，因此在這段時間內行業收入差距仍然保持擴大趨勢，但從各項指標的相對值可以看出這段時間內增幅較小。2003年中國所有行業的平均工資為13,969元，其中最高收入行業為信息傳輸、計算機服務和軟件業，其行業職工平均工資為30,897元；最低收入行業為農林牧漁業，其行業職工平均工資為6,884元。這兩個行業之間的極值差為24,013元，極值比為4.49。到2006年，所有行業職工平均工資增長到20,856元。這時最高收入行業為信息傳輸、計算機服務和軟件業，其行業職工平均工資為43,435元；最低收入行業為農林牧漁業，其行業職工平均工資為9,269元。兩個行業的極值差增加到34,166元，極值比為4.69。同樣，在這段時期內變異系數、基尼系數和泰爾指數也

都呈現上升趨勢，其中基尼系數從 0.118,3 增加到 0.129,8，相對值從 175.01%提高到 191.95%。但通過綜合幾種指標分析以及對圖 3-5 的觀察，可以看出從 2007 年開始，行業收入不平等程度開始出現回落縮小現象，其中泰爾指數從 2007 年的 0.034,1 下降到 2014 年的 0.027,8。這主要是因為近些年來，中國開始重視收入差距問題，加強了收入分配製度的改革，強調收入分配的公平公正原則。2006 年中共中央政治局召開會議，在此次會議上突出強調了收入分配製度的改革，強調要規範收入分配秩序，注重公平，從而構建一個科學合理的社會收入分配體系。2007 年十七大召開時，強調初次分配和再分配一樣，都要兼顧效率和公平，再分配更加注重公平。正是因為政府加強了收入分配體制改革，提高了最低工資標準及調整個人所得稅等其他政策措施，在很大程度上抑制了收入差距的擴大。

三、基於 ARMA 模型的行業收入差距短期預測

ARMA 模型是一類常用的隨機時序模型，由博克斯（Box）、詹金斯（Jenkins）創立，亦稱 B-J 方法。它是一種精度較高的時序短期預測方法。其基本思想是：某些時間序列是依賴於時間 t 的一組隨機變量，構成該時序的單個序列值雖然具有不確定性，但整個序列的變化卻有一定的規律性，可以用相應的數學模型近似描述。公式如下：

$$Y_t = \delta + \alpha_1 Y_{t-1} + \cdots \alpha_p Y_{t-p} + \mu_t + \beta_1 \mu_{t-1} + \cdots + \beta_q \mu_{t-q} \qquad (3-6)$$

ARMA（p,q）模型是對於平穩的隨機過程，利用經濟數據的慣性進行預測，一方面 AR 項為自迴歸項，涉及現期和前期的 Y 值，在意義上是「讓數據自己說話」；另一方面，MA 項則描述了時間序列對過去時刻進入系統的白噪聲的記憶，組成一個 ARMA（p,q）模型。在確定 p 和 q 的條件下，用非線性最小二乘法估計上式，即可得到 Y_t 與自

身滯後項和隨機誤差項之間的關係，用外推法來對未來值進行預測。本文正是利用時間序列分析 ARMA 模型來對中國行業收入差距進行建模及外推預測。

上文中計算出了行業收入差距的三種指標，我們選擇泰爾指數作為預測指標，經過單位根檢驗、模型識別，最後得出了以下估計模型：

$$\Delta Theil_t = 0.56\Delta Theil_{t-1} + \mu_t - 0.79\mu_{t-1} + 0.92\mu_{t-2} \qquad (3-7)$$

根據上面的模型，表 3-3 給出了 2011—2014 年中國行業收入差距泰爾指數的實際值和預測值。從中可以看出，預測結果的相對誤差不大，結果還是令人滿意。這說明所建的 ARMA 模型具有良好的預測效果，有一定的參考價值。

表 3-3　　　　　　　泰爾指數實際值與預測值的比較

年份	實際值（元）	預測值（元）	相對誤差（％）
2011	0.032,7	0.035,4	8.26
2012	0.030,3	0.032,4	6.93
2013	0.028,2	0.028,1	-0.35
2014	0.027,8	0.025,1	-9.71

因為預測的時間越長，預測的誤差會越大，結果便越不可靠，所以我們用 Eviews7.2 預測至 2017 年。結果如下：

表 3-4　　　　　　　泰爾指數預測結果

年份	2015	2016	2017
預測值	0.025,5	0.026,6	0.027,4

從表 3-4 可以看到，2015 年延續 2014 年的趨勢，行業收入差距繼續下降，2016 年到 2017 年行業收入差距將有所上升，但上升幅度較小。

此預測結果表明在短期內，中國的行業收入差距在振蕩中有較小幅度的提高，總體變化不大，預測結果的真實性有待到期實際值的檢驗。

第三節　中國行業收入差距的多維演變特徵

縱觀中國行業收入差距演變的整個過程，在整體行業收入差距擴大的總趨勢中，各個具體行業的收入變化軌跡不盡相同，有的行業變化不大，但也有行業變化反差較大，不同產業、不同地區的行業收入差距也不相同。行業收入變化的多樣性使得中國的行業收入差距的演變呈現出多重特徵。

一、高低行業收入群體相對變動

1978年改革開放後30多年的時間中，在不同的歷史階段，行業收入水平的排位略有變動，表3-5給出了幾個重要年份中行業收入分別處於最高三位和最低三位的行業。從中可以看出，1978—1990年，一直處於高端收入行業的有電力、燃氣及水的生產和供應業、建築業、水利管理業、地質勘查業、採礦業，這些行業的職工平均工資一直都高於全國平均水平。20世紀90年代以後，特別是1992年以後，金融業和房地產業也迅速躋身於高收入行業，這兩個行業在1995和1998年都位於最高行業收入前三位。20世紀末，隨著全球高新技術和信息網路技術的蓬勃發展，科學研究、技術服務和地質勘查業、信息傳輸、計算機服務和軟件業的收入水平也得到了巨幅提高。從表3-5中看出，2003年以後，處於行業收入前三位的始終是信息傳輸、軟件和信息，金融業，科學研究和技術服務業，只是在不同年份其位次稍有變化。

20 世紀 80 年代，農林牧漁業和批發零售、貿易和餐飲業位於行業收入的最低端。20 世紀 90 年代，製造業進入了最低收入行列，其職工平均工資低於全國平均工資水平。尤其是農林牧漁業，基本上始終處於行業收入的最底端。表 3-5 顯示在 20 世紀的整個 90 年代，最低收入行業基本沒有變化，依次為農林牧漁業，批發零售、貿易和餐飲業，製造業。進入 21 世紀，低收入行業略有變動。從 1978—2014 年總體來看，農林牧漁業、住宿和餐飲業一直都屬於低收入行業，尤其是農林牧漁業幾乎始終處於行業收入的最底端。

表 3-5　　　　　　　　　中國行業收入高低排位

年份	最高收入行業前三位	最低收入行業前三位
1978	電、地、建	社、農、批
1980	電、地、建	社、農、批
1985	地、建、採	社、農、批
1988	地、電、採	農、批、國
1990	採、電、地	農、批、制
1993	房、電、交	農、批、教
1995	電、金、房	農、批、制
1998	金、電、房	農、批、制
2000	科、金、電	農、批、採
2003	信、金、科	農、批、住
2005	信、金、科	農、住、建
2010	金、信、科	農、住、水
2011	金、信、科	農、住、水
2012	金、信、科	農、住、水
2013	金、信、科	農、住、水
2014	金、信、科	農、住、水

註：行業簡稱（1978—2002 年）：農——農、林、牧、漁業；採——採礦業；制——製造業；電——電力、燃氣及水的生產和供應業；建——建築業；地——地質勘查業、水利管理

業；交——交通運輸倉儲和郵電通信業；批——批發零售、貿易和餐飲業；金——金融、保險業；房——房地產業；社——社會服務業；科——科學研究和綜合技術服務業；國——國家機關、政黨機關和社會團體.

行業簡稱（2003—2014 年）：農——農、林、牧、漁業；信——信息傳輸、軟件和信息業；批——批發和零售業；住——住宿和餐飲業；金——金融業；科——科學研究和技術業；水——水利、環境和公共設施管理業；建——建築業.

二、行業收入差距的地區差異

各地區和全國的整體狀況一樣，都存在一定程度的行業收入差距，但因為在改革開放過程中所處的發展階段不同，各地區行業享受的國家優惠政策又有所差異，因此不同地區的行業收入差距區別很大。利用歷年的《中國統計年鑒》計算出表 3-6。

表 3-6　　2012—2014 年各地區行業收入極值比及排名

地區	2012 極值比	2012 排名	2013 極值比	2013 排名	2014 極值比	2014 排名
全國	3.96	—	3.86	—	3.82	—
北京	4.75	4	4.71	4	4.93	4
天津	4.09	8	3.88	9	3.46	12
河北	4.54	5	5.03	3	5.36	3
山西	3.37	14	3.05	17	3.11	18
內蒙古	2.40	29	2.35	29	2.28	30
遼寧	5.76	2	5.66	2	6.07	2
吉林	2.84	20	2.88	19	2.81	21
黑龍江	2.74	22	2.54	25	2.40	26
上海	4.27	6	4.03	7	3.96	7
江蘇	3.50	12	3.59	12	3.46	11

表3-6(續)

地區	2012 極值比	2012 排名	2013 極值比	2013 排名	2014 極值比	2014 排名
浙江	3.57	11	3.48	15	3.24	16
安徽	3.09	18	2.98	18	2.84	20
福建	3.86	9	3.88	10	3.80	8
江西	2.61	24	2.66	21	2.65	22
山東	2.45	27	2.18	30	2.37	29
河南	2.37	30	2.49	28	2.40	27
湖北	2.70	23	2.80	20	2.86	19
湖南	3.17	16	3.56	13	3.60	10
廣東	4.99	3	4.71	5	4.42	5
廣西	3.58	10	3.50	14	3.30	13
海南	3.39	13	3.93	8	3.26	15
重慶	3.14	17	3.23	16	3.28	14
四川	2.46	26	2.51	27	2.53	24
貴州	3.22	15	3.68	11	3.74	9
雲南	4.18	7	4.29	6	4.33	6
西藏	8.81	1	9.96	1	9.87	1
陝西	2.42	28	2.61	24	3.16	17
甘肅	2.60	25	2.15	31	2.21	31
青海	2.21	31	2.61	23	2.40	28
寧夏	2.76	21	2.53	26	2.55	23
新疆	2.91	19	2.63	22	2.52	25

從表3-6可以看出，2012—2014年，全國範圍內行業最高收入與最低收入的極值比分別為3.96、3.86、3.82。在31個省、直轄市、自治區（以後文中簡稱為省）中，北京、河北、遼寧、上海、廣東、雲

南、西藏連續3年超過全國極值比。其中，西藏更是突出，連續三年收入極值比最高，且數據遠遠高於其他地區。主要原因是西藏最低收入行業農、林、牧、漁業平均工資在全國省份中位於倒數位置，而其高收入行業金融業卻能進入前三位，這無疑極大地提高了極值比。甘肅、內蒙古和河南行業收入極值比連續3年都較低，但行業最高收入也都在最低收入的2倍以上。總的來看，行業收入差距與各地區的經濟發展程度及平均收入水平沒有完全的正相關關係：北京、上海經濟發達地區，行業收入極值比高，西藏的人均地區生產總值處於全國下游水平，但是行業收入極值比遠高於其他地區。遼寧省在這三年中行業收入極值比都位於全國第二位，但就業人員平均工資連續3年都低於全國平均工資水平。

除此之外，進一步計算發現，相同行業在不同地區的平均工資差異也很大，利用2015年《中國統計年鑒》中的統計數據計算出表3-7。

表3-7　　　　　　　2014年各行業平均工資的地區差異

行業	工資最高省份	平均工資（元）	工資最低省份	平均工資（元）	極值比	泰爾指數
農、林、牧、漁業	天津	62,672	遼寧	12,976	4.83	0.033,8
採礦業	上海	98,238	湖南	40,074	2.45	0.014,9
製造業	北京	80,418	河南	37,944	2.12	0.014,8
電力、熱力、燃氣及水的生產和供應業	上海	143,613	西藏	55,707	2.58	0.025,0
建築業	北京	77,359	雲南	36,229	2.14	0.011,1
批發和零售業	上海	107,673	河北	35,398	3.04	0.066,0
交通運輸、倉儲和郵政業	上海	88,929	河南	49,426	1.80	0.013,0
住宿和餐飲業	上海	49,418	山西	24,082	2.05	0.016,1
訊息傳輸、軟體和訊息技術服務業	上海	170,174	甘肅	45,628	3.73	0.064,1
金融業	北京	225,482	甘肅	52,334	4.31	0.080,9

表3-7(續)

行業	工資最高省份	平均工資(元)	工資最低省份	平均工資(元)	極值比	泰爾指數
房地產業	北京	62,340	青海	36,842	1.69	0.023,9
租賃和商務服務業	上海	135,268	山西	34,270	3.95	0.107,2
科學研究和技術服務業	上海	152,258	湖南	49,931	3.05	0.059,1
水利、環境和公共設施管理業	天津	70,314	山西	24,342	2.89	0.031,7
居民服務和其他服務業	上海	59,289	海南	27,880	2.13	0.019,0
教育	北京	99,337	廣西	41,021	2.42	0.024,3
衛生和社會工作	北京	125,273	山西	39,653	3.16	0.040,0
文化、體育和娛樂業	北京	121,094	河北	39,789	3.04	0.067,6
公共管理、社會保障和社會組織	上海	95,569	河北	38,656	2.47	0.032,3

　　從表3-7中可以看到，2014年各行業平均工資最高的地區集中在北京、上海、天津三個直轄市。而各行業平均工資最低的省份絕大部分是經濟發展落後的中部和西部省份。按地區分各行業平均工資的極值比在1.80到4.83之間，極值比最高的行業是農、林、牧、漁業，極值比最低的行業是交通運輸、倉儲和郵政業。按地區分各行業平均工資的泰爾指數在0.011,1到0.107,2之間分布。其中泰爾指數較高的行業為金融業、租賃和商務服務業，也就是說這些行業的平均工資在中國不同地區的差距比較大。泰爾指數較低的行業是製造業，建築業，採礦業，交通運輸、倉儲和郵政業，說明這些行業平均工資在不同地區差異不是很大。因而我們可以看出，資本、技術密集度高的行業工資地區差異較大，而基礎工業的平均工資在全國各地分布差異不大。

　　另外，東部地區的行業平均工資要高於中部與西部地區。這是因為東部地區比較早地進行改革開放，且經濟發展環境有較大優勢，因此更

早地實現了經濟的快速發展，居民的收入水平顯著提高，因此和中西部相比，東部地區各行業平均工資普遍更高。

三、部分門類行業內部收入差距很大

大的門類行業的職工平均工資能夠反應出這一行業整體的工資水平，但並不能代表其內部的所有行業職工工資都能達到這一平均水平，或與這一平均工資水平差距不大。實際上，很多門類行業內部即行業大類的職工平均工資差距很大。比如2014年，門類行業製造業中的菸草製品業的職工平均工資高達125,505元，與其中的木材加工及木、竹、藤、棕、草製品業的38,181元的職工平均工資之間相差了87,324元，二者的比值約為3.29。交通運輸、倉儲和郵政業中的航空運輸業的職工平均工資為120,829元，而道路運輸業只有46,472元，二者的差距達到74,357元。其他行業，像採礦業、信息傳輸計算機服務和軟件業、教育業、文化體育和娛樂業、電力燃氣及水的生產和供應業等行業內部都有比較大的收入差距（見表3-8）。

表3-8　　　部分行業門類內部平均工資差距（2014年）

行業門類	行業平均工資（元）	最高工資行業大類	最高工資（元）	最低工資行業大類	最低工資（元）	極值差	極值比
製造業	51,369	菸草製品業	125,505	木材加工和木、竹、藤、棕、草製品業	38,181	87,324	3.29
交通運輸、倉儲和郵政業	63,416	航空運輸業	120,829	道路運輸業	46,472	74,357	2.60
採礦業	61,677	石油和天然氣開採業	83,382	非金屬礦採選業	42,421	40,961	1.97
文化、體育和娛樂業	64,375	新聞和出版業	81,367	娛樂業	51,381	29,986	1.58

表3-8(續)

行業門類	行業平均工資(元)	最高工資行業大類	最高工資(元)	最低工資行業大類	最低工資(元)	極值差	極值比
訊息傳輸、軟體和訊息技術服務業	100,845	軟件業	129,748	電信、廣播電視和衛星傳輸服務	77,767	51,981	1.67
電力、熱力、燃氣及水的生產和供應業	73,339	電力、熱力生產和供應業	78,603	水的生產和供應業	49,054	29,549	1.60
教育業	56,580	高等教育業	77,873	初等教育業	51,553	26,320	1.51

註：數據來源於2015年《中國勞動統計年鑑》。

　　從部分門類行業內部收入差距可以看出兩點：一是壟斷性強的行業，其職工工資水平比較高，競爭性強的行業的職工工資水平比較低；二是知識技術密集型行業的工資水平比較高。像石油和天然氣開採業、菸草製品業、電力熱力的生產和供應業、航空運輸業、新聞出版業等都是壟斷性比較強的行業，其職工工資水平都較高。木材加工業、道路運輸業、娛樂業等行業的競爭性比較強，其職工工資水平也低。如製造業中，除了行業工資最高的菸草製品業外，其他壟斷性強的行業如石油加工、煉焦及核燃料加工業以及汽車製造業，其職工工資也很高，分別為65,708元和64,155元；而競爭性強的紡織業的工資水平僅高於木材加工及木、竹、藤、棕、草製品業，其職工平均工資為40,495元。交通運輸、倉儲和郵政業中，除了航空運輸業的工資最高外，管道運輸業、水上運輸業和鐵路運輸業的職工工資也都比較高，分別為86,901元、82,000元和80,720元，而同門類的倉儲業的職工工資只有50,759元。像軟件業、高等教育業等都是知識密集度比較高的行業，其職工工資水平相較於內部的其他行業都要高一些。

四、行業收入差距的產業差異

為更好地反應中國三次產業的發展情況，滿足國民經濟核算、服務業統計及其他統計調查對三次產業劃分的需求，根據《國民經濟行業分類》（GB/T 4754-2011），國家統計局對農業、工業、服務業三次產業按以下標準劃分：第一產業是指農、林、牧、漁業（不含農、林、牧、漁服務業）。第二產業包括採礦業（不含開採輔助活動）、製造業（不含金屬製品、機械和設備修理業）、電力、熱力、燃氣及水生產和供應業、建築業。第三產業即服務業則是指除第一產業、第二產業以外的其他行業。第三產業包括：批發和零售業，交通運輸、倉儲和郵政業，住宿和餐飲業，信息傳輸、軟件和信息技術服務業，金融業，房地產業，租賃和商務服務業，科學研究和技術服務業，水利、環境和公共設施管理業，居民服務、修理和其他服務業，教育，衛生和社會工作，文化、體育和娛樂業，公共管理、社會保障和社會組織，國際組織，以及農、林、牧、漁業中的農、林、牧、漁服務業，採礦業中的開採輔助活動，製造業中的金屬製品、機械和設備修理業。

根據泰爾指數組內和組間差距的計算方法，將所有的19個行業作為總體，然後根據產業劃分的規定分成三個亞收入單元：第一產業、第二產業和第三產業。然後利用歷年《中國統計年鑒》中的統計數據分別計算出不同產業內的行業收入差距（組內泰爾指數）和產業間的行業收入差距（組間收入差距），因為第一產業內只有一個行業（農、林、牧、漁業），所以不用計算其組內泰爾指數。總體泰爾指數和各種分解指數見表3-9。

從表3-9中可以看出，2003—2014年，總體泰爾指數都可以分解成產業間、第二產業和第三產業內部三部分。這表明所有行業之間的總

體收入差距不僅因為產業之間的差異，又因為產業內部行業的差異而產生。泰爾指數總值由 2003 年的 0.026,5 逐年遞增為 2009 年的 0.035,8，然後再逐步減少到 2014 年的 0.027,8。組間泰爾指數同樣在 2003—2009 年間振盪上升，近些年開始下降。組內泰爾指數在這期間也呈現出相同的變化趨勢。進一步分析，第二產業內泰爾指數從 2003 年的 0.002,8 上升到 2008 年的最高值 0.005,9，然後逐年下降，說明第二產業內部各行業職工的工資差距先擴大後縮小；第三產業內泰爾指數從 2003 年的 0.012,7 上升到 2010 年的 0.017,4，2011 年至 2014 年也都在 0.017 左右，表明第三產業內部 14 個行業之間收入差距主流呈擴大趨勢。在此基礎上對第二產業內部和第三產業內部的收入差距擴大幅度進行計算，從 2003 年到 2014 年，前者提高了 10.7%，後者提高了 37.0%，這表明第二產業內行業間的收入差距增速低於第三產業內行業收入差距增速。進一步分析兩者的數據可以看出，第二產業的泰爾指數明顯都小於第三產業的泰爾指數，說明第二產業內部的行業收入差距較第三產業小，且第二產業的行業收入差距在逐步縮小，而第三產業行業收入差距主流趨勢仍在擴大。

表 3-9　　行業收入差距的泰爾指數及其分解（按產業分組）

年份	泰爾指數總值	組間泰爾指數	組內泰爾指數	第二產業內泰爾指數	第三產業內泰爾指數
2003	0.026,5	0.011,0	0.015,5	0.002,8	0.012,7
2004	0.027,0	0.011,4	0.015,6	0.003,6	0.012,0
2005	0.030,1	0.012,5	0.017,6	0.004,6	0.013,0
2006	0.031,7	0.012,3	0.019,5	0.005,0	0.014,5
2007	0.034,1	0.014,3	0.019,8	0.005,3	0.014,5
2008	0.034,1	0.011,8	0.022,3	0.005,9	0.016,4

表3-9(續)

年份	泰爾指數總值	組間泰爾指數	組內泰爾指數	第二產業內泰爾指數	第三產業內泰爾指數
2009	0.035,8	0.014,1	0.021,7	0.005,5	0.016,2
2010	0.035,4	0.012,5	0.022,9	0.005,5	0.017,4
2011	0.032,7	0.010,3	0.022,4	0.005,4	0.017,1
2012	0.030,3	0.009,0	0.021,3	0.004,5	0.016,8
2013	0.028,2	0.007,6	0.020,6	0.003,6	0.017,0
2014	0.027,8	0.007,4	0.020,4	0.003,1	0.017,4

第二產業是對第一產業和本產業提供的產品（原料）進行加工的產業部門，其內部各行業從2003年到2014年都有一定程度的增長，但就增長幅度而言，採礦業近些年明顯增長緩慢，而平均工資較低的製造業和建築業隨著近些年勞動力成本的提升，其工資增長速度較快，12年間超過了電力、人力、燃氣及水生產和供應業的工資增長速度。因此從2009年開始，第二產業內行業收入差距明顯縮小。第三產業包含14種行業門類，其中有高收入行業金融業和信息傳輸、軟件和信息技術服務業以及工資較低的住宿和餐飲業等，且在這些年中行業間收入差距並無縮小的趨勢，因此第三產業內行業間收入差距仍保持較高水平。

在計算組內和組間泰爾指數的基礎上，將組間泰爾指數和各組內部泰爾指數分別除以總體泰爾指數，即可進一步觀察組內差距和組間差距對總體行業收入差距的貢獻度，見表3-10。從表中可以看出這些年來第二產業和第三產業內部組內差距的貢獻度在60%~70%，即按產業進行分組時，不同產業內部的組內收入差距占主導地位。組間差距貢獻率從2003的41.38%下降到2014年的26.68%，這表明不同產業間的收入差距在縮小，這主要是因為近年來政府大力支持農業生產發展和積極的產業結構調整所致。值得注意的是，第三產業內的行業工資差距貢獻率

在逐步提高，2014年已經達到了62.41%。因此，縮小服務業內部行業間收入差距對縮小整體行業間收入差距就顯得至關重要。

表 3-10　　行業收入差距的各項貢獻率（按產業分組）

年份	行業工資組間差距貢獻率（%）	第二產業內行業工資差距貢獻率（%）	第三產業內行業工資差距貢獻率（%）
2003	41.38	10.59	48.03
2004	42.35	13.36	44.29
2005	41.61	15.26	43.13
2006	38.71	15.47	45.81
2007	41.86	15.61	42.52
2008	34.56	17.47	47.97
2009	39.36	15.29	45.35
2010	35.18	15.66	49.16
2011	31.48	16.26	52.27
2012	29.73	14.95	55.32
2013	26.81	12.90	60.29
2014	26.68	10.91	62.41

註：表3-9中數據為四捨五入後的結果，本表數據由原始結果計算得出。

五、行業收入差距的所有制差異

中國實行的是以公有制經濟為主體，多種所有制經濟共同發展的社會主義市場經濟製度。在此基礎上產生了不同的所有制單位形式，主要分為國有單位、城鎮集體單位和其他單位，其他單位包括股份合作單位、聯營單位、有限責任公司、股份有限公司等。隨著中國宏觀經濟的發展，不同所有制單位內部行業收入差距可能呈現不同的變動趨勢，因而本研究選擇2000年、2005年、2011年和2014年四個年份來比較分

析不同所有制單位的行業收入差距變化。

行業收入差距在不同類型單位內大小不同，可以從時間序列維度和截面維度兩方面進行分析。首先對相同年份內不同所有制單位下的行業收入差距進行比較，結果如圖3-6所示。2000年時，三種所有制單位內的行業收入差距比較接近且其他單位內部行業收入差距最小。2005年各類型內部行業收入差距均上升，尤其其他單位內部行業收入差距增速明顯，且超過了國有單位和城鎮集體單位的行業收入差距。2011年時，城鎮集體單位內部行業收入差距上升，和其他單位趨近一致，兩者內部的收入差距都遠遠高於國有單位的行業收入差距。2014年，三者均有不同程度的下降，且其他單位內行業收入差距低於城鎮集體單位內部行業收入差距。另外，和同一年份整體行業收入差距（數據見表3-2）相比，2000年國有單位和城鎮集體單位內部行業收入差距高於整體差距，而2014年則變成城鎮集體單位和其他單位內部行業收入差距大於整體差距。

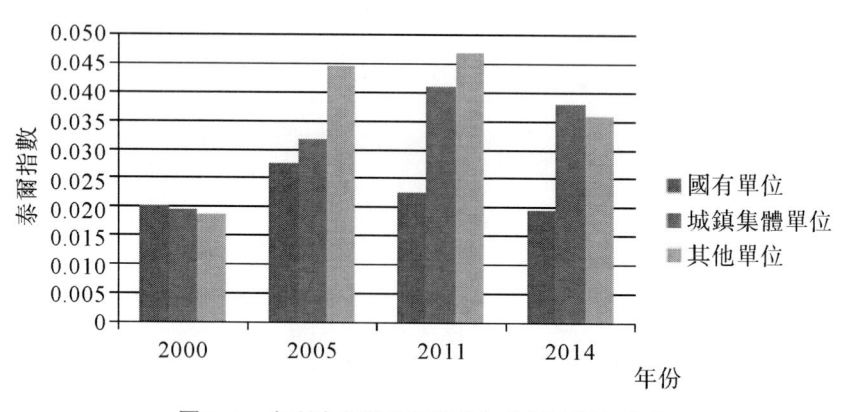

圖3-6　各所有制單位行業收入差距的橫向比較

然後對各所有制單位內部行業收入差距進行隨時間變化的縱向比較，從圖3-7中可以看出，國有單位內部行業收入差距從2000年到

2014年變化不大，2014年還相對較低；城鎮集體單位的行業收入差距主流呈上升趨勢，2000年到2005年的增長幅度稍高於2005年到2011年的增長幅度，2014年略有降低；其他單位的行業收入差距2005年前增長速度較快，2011年到2014年有明顯下降。

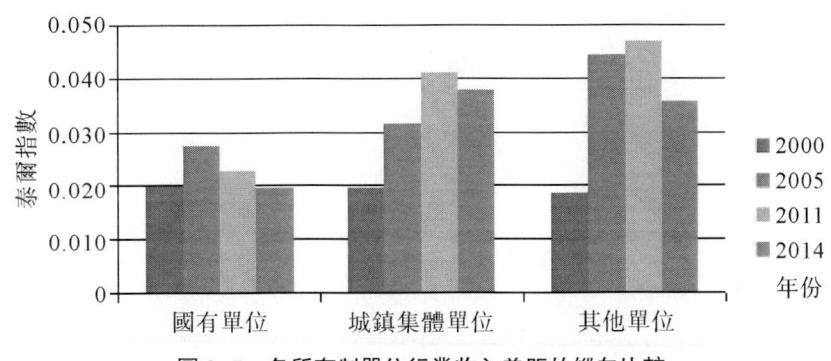

圖3-7　各所有制單位行業收入差距的縱向比較

綜上所述，國有單位內各行業發展受到國家政策保護，其收入受政府工資調控機制的影響，收入差距變動不大。其他單位包含的公司類型廣泛，隨著市場競爭程度的加劇，各行業和企業的發展程度參差不齊，因此其內部行業收入差距越來越大，到2010年左右達到最大值。隨著國家收入分配製度改革，各行業尤其是低收入行業和勞動密集型行業勞動力價格大幅上升，其他單位內行業收入差距開始逐步下降。

六、壟斷行業和競爭性行業收入差距變化

中國的壟斷行業並非一般意義上的壟斷，而是經濟轉軌時期所形成的特有的國家所有制壟斷。它不是因為生產集中而形成的壟斷，而是國家政府出於維護公有制、掌握國家經濟命脈的目的，規定由某一部門單獨經營而形成的壟斷。這些壟斷行業總是借助於政府權力來實施壟斷，它們或者壟斷了某種生產要素，或者壟斷了經營範圍，或者壟斷了產品

價格，如石油、電力、電信等。壟斷行業利用壟斷地位獲得高額壟斷利潤，所以和競爭性行業相比，壟斷行業內的就業人員能夠享受到壟斷利潤帶來的高工資和高福利待遇。

中國實行市場經濟以後，與競爭性行業相比，壟斷行業職工收入水平普遍較高且增長較快。2005年，石油、菸草、電信、水電氣供應、金融等壟斷性行業的職工總數不足全國職工總數的8%，但其收入卻相當於全國職工工資總額的55%，且收入中相當部分來自行政壟斷（王小魯，2010）。至2014年，壟斷程度較高的金融業和競爭性行業農、林、牧、漁業的收入差距已擴大到3.82倍，如果再加上工資外收入和福利待遇上的差異，兩者之間的實際收入差距可能在5~10倍。因此，壟斷行業和競爭性行業之間的收入差距變化成為行業收入差距變化的一個重要研究對象。

分析壟斷行業和競爭性行業之間的收入差距，首先就要分析行業門類當中哪些是屬於壟斷性行業，哪些是屬於競爭性行業。因為行業門類的改變，所以本部分也只研究2003年後的相關數據。本研究根據國有企業職工人數占比、國有控股投資額占總投資額比例以及行業特徵等綜合考慮，把金融業，信息傳輸、軟件和信息技術服務業，電力、熱力、燃氣及水生產和供應業，水利、環境和公共設施管理業，公共管理、社會保障和社會組織，衛生和社會工作，教育，交通運輸、倉儲和郵政業作為壟斷性行業，剩餘其他行業作為競爭性行業。需要注意的是，此處的壟斷行業不都是完全壟斷，只是和競爭性行業相比較而言，該部分行業的壟斷程度更高。然後根據這個分類標準，比較壟斷行業和競爭性行業組間及組內收入差距的演變情況，具體結果見表3-11。

表 3-11　行業收入差距的泰爾指數及其分解（壟斷和競爭分組）

年份	泰爾指數總值	組間泰爾指數	組內泰爾指數	壟斷性行業內部	競爭性行業內部
2003	0.026,5	0.007,7	0.018,8	0.007,8	0.010,9
2004	0.027,0	0.007,5	0.019,5	0.008,0	0.011,5
2005	0.030,1	0.008,5	0.021,6	0.009,2	0.012,5
2006	0.031,7	0.008,2	0.023,6	0.010,7	0.012,8
2007	0.034,1	0.010,8	0.023,3	0.009,8	0.013,5
2008	0.034,1	0.007,8	0.026,3	0.011,6	0.014,7
2009	0.035,8	0.011,0	0.024,8	0.011,2	0.013,5
2010	0.035,4	0.009,6	0.025,8	0.012,6	0.013,2
2011	0.032,7	0.007,1	0.025,6	0.013,1	0.012,6
2012	0.030,3	0.006,4	0.023,9	0.013,0	0.010,9
2013	0.028,2	0.005,8	0.022,4	0.013,2	0.009,2
2014	0.027,8	0.005,7	0.022,1	0.013,8	0.008,3

　　從表 3-11 中可以看出，組間泰爾指數在 2009 年達到最大值後開始呈逐年下降趨勢。也就是說，按照上面的分類標準，壟斷行業和競爭性行業之間的差距從 2010 年開始逐步減小。接下來分析壟斷行業內泰爾指數和競爭性行業內泰爾指數。前者從 2003 年的 0.007,8 上升到 2014 年的最高值 0.013,8，呈現非常明顯的上升趨勢，表明壟斷行業內部的收入差距在擴大；後者從 2003 年的 0.010,9 上升到 2008 年的最高值 0.014,7，然後開始逐年下降，到 2014 年已經下降到 0.008,3，表明競爭性行業內部收入差距先升後降。進一步對壟斷行業內部和競爭性行業內部的收入差距擴大幅度進行計算，從 2003 年到 2014 年，前者提高了 76.9%，後者卻降低了 23.9%，這說明中國壟斷性行業內部收入差距上升較快，而競爭性行業因市場化程度加深和勞動力成本的普遍上升，行

業間收入差距在逐步縮小。

本研究當中的壟斷性行業包含種類較多，有壟斷性很高的行業，如電力、熱力、燃氣及水生產和供應業以及金融業等，也有壟斷性較弱的行業。在過去的社會經濟發展過程中，部分壟斷性行業如信息傳輸、軟件和信息技術服務業、教育業、交通運輸、倉儲和郵政業等因為大量民間資金的湧入，其壟斷程度有所下降，其工資的增長速度有所減緩，而壟斷性高的行業仍然保持高工資增長率，這樣的結果便使壟斷行業內部的收入差距逐步加大。

在此基礎上進一步分析，分別計算出壟斷和競爭性行業組間差距和各自組內差距對總體差距的貢獻率，結果如表 3-12 所示。

表 3-12　行業收入差距的各項貢獻率（壟斷和競爭分組）

年份	行業工資組間差距貢獻率（%）	壟斷行業內部差距貢獻率（%）	競爭性行業內部差距貢獻率（%）
2003	29.08	29.54	41.25
2004	27.95	29.56	42.62
2005	28.20	30.47	41.38
2006	25.79	33.86	40.50
2007	31.58	28.72	39.65
2008	22.87	34.05	43.04
2009	30.83	31.33	37.85
2010	27.14	35.53	37.22
2011	21.75	39.93	38.44
2012	21.12	42.90	35.97
2013	20.57	46.81	32.62
2014	20.50	49.64	29.86

註：表 3-11 中數據為四捨五入後的結果，本表數據由原始結果計算得出。

從上表中可以看出：行業工資組間差距貢獻率即壟斷行業和競爭性行業的組間貢獻率主要在 20%～30%，2011 年開始其貢獻率下降顯著；壟斷行業內部貢獻率從 2003 年的 30% 上升到 2014 年的 50%；競爭性行業內部貢獻率 2003—2011 年變動不大，2012 年後大幅度下降。

以上數據都是根據行業門類以及上文的分類標準計算出的組間差距和組內差距各自對總差距的貢獻率，如果具體到行業大類，更加細分壟斷和競爭性行業後進行計算的話，組間差距貢獻率會高於目前數值。

第四節　中國行業收入差距演變趨勢的計量檢驗

前文已經通過多種統計指標和圖表的使用詳細描述了中國行業收入差距的演變趨勢，並且從多角度分析了行業收入差距在全國範圍內的變動特徵。但由於中國幅員遼闊，各省份間的行業收入差距存在一定的區域差異性，本書後部分在分析行業收入差距成因及減少行業收入差距的對策建議時，都是把行業收入差距作為一個整體來研究，這實際上是暗含了這樣一個前提條件：各省份行業收入差距與全國行業收入差距的演變趨勢具有同步性與收斂性。筆者在現有的文獻中還沒有發現有這方面的研究，因此下文就對這一重要假設前提予以檢驗。

一、行業收入差距區域同步性檢驗

(一) 同步性的基本內涵

行業收入差距的區域同步性是指各省的行業收入差距和全國整體的行業收入差距變化趨勢基本一致，也就是不同省份的行業收入差距同步擴大或者同步縮小。但這種同步性並不要求所有區域的行業收入差距程

度一致，各個省份因為地理環境或者資源稟賦等各方面原因，行業收入差距存在區域差異性，這個結果在上一節中已經得到證實。如果行業收入差距存在區域同步性，也就是說一個國家的經濟基礎、經濟製度和全國範圍內的政策等對所有區域的行業收入差距影響相同，那麼在研究行業收入差距的成因，尤其是在研究縮小行業收入差距的政策建議時，就可以直接從全國整體範圍進行分析。反之，如果不存在同步性，則說明全國範圍內的政策建議對各省份的行業收入差距的效應不相同。因此，下文就對行業收入差距的區域同步性進行檢驗。

(二) 同步性檢驗

首先，計算全國及各省的行業收入差距時間序列值，然後構造各省份與全國的行業收入差距的相關係數 ρ_i。各省的行業收入差距演變趨勢和全國的越一致，則 ρ_i 越接近於 1，反之，ρ_i 越小，區域同步性就越小。構造如下的相關係數方程：

$$\rho_i = \frac{Cov(T_i, T)}{\sqrt{D(T_i)D(T)}} \qquad (3-8)$$

其中 T_i 表示第 i 省行業收入差距時間序列值，T 表示全國行業收入差距的時間序列值。此處的行業收入差距均用泰爾指數來表示。

根據各省份行業收入數據的可得性，我們計算 1987—2014 年全國 31 個省份（包括自治區和直轄市，不含香港、澳門和臺灣地區）的泰爾指數（具體數據見附錄表）來度量行業收入差距，原始數據來源於 1988—2015 年的《中國統計年鑒》。利用軟件 Eviews7.2，求出各省和全國行業收入差距的相關係數，如表 3-13 所示。

表 3-13　　各省份與全國行業收入差距相關係數結果匯總

相關係數的範圍	省份
0.95 以上	北京、河北、江蘇、福建、廣東、四川
0.90~0.95	天津、遼寧、浙江、貴州、重慶、廣西
0.85~0.90	黑龍江、上海、陝西、寧夏
0.80~0.85	安徽、雲南、西藏
0.70~0.80	山西、內蒙古、吉林、甘肅
0.60~0.70	山東、湖南
0.50~0.60	江西、湖北、新疆
0.50 以下	河南、海南、青海

從表 3-13 中可以看出，大部分省份行業收入差距變動趨勢與全國的變動趨勢有較強的相關性，其中 75% 的省份的相關係數在 0.7 以上，12 個省份的相關係數更是在 0.9 以上，為高度相關，只有河南、海南和青海三省與全國同步性較差。因此可以判定，中國行業收入差距在全國範圍內的變動基本具有同步性。

圖 3-8 中選取了和全國行業收入差距高度相關的三個代表性省份——四川、廣東和江蘇作比較。從中可以看出，雖然三個省份和全國的行業收入差距趨勢相同，但也各有其特點。四川省和全國的行業收入差距非常接近，但一直低於全國水平。江蘇省在 1997 年之前行業收入差距低於全國水平，1997 到 2012 年則一直高於全國水平，2013 年則低於全國水平。廣東省 2000 年之前和全國水平非常接近，之後則一直高於全國水平，其中 2008 年達到峰值 0.067，之後開始大幅下降，並逐漸接近全國水平。

圖 3-9 分析了和全國行業收入差距不相關的兩個省：海南和青海。從圖中我們可以看出，海南省的行業收入差距一直以來都遠遠高於全國

水平，2005年之後開始呈現下降趨勢，近幾年逐漸接近全國趨勢。青海省行業收入差距在2000年達到最高點後開始下降，和全國相比，2005年之前的行業收入差距高於全國水平，2005年後低於全國水平。

圖3-8　行業收入差距變動同步性比較（高度相關）

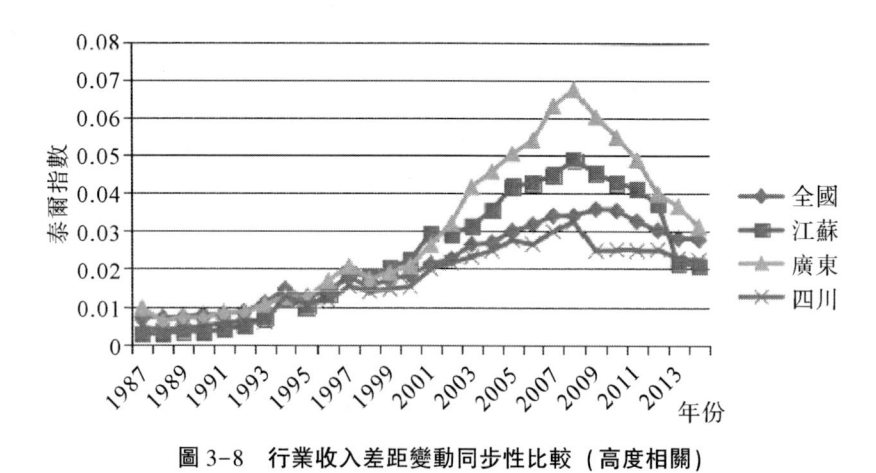

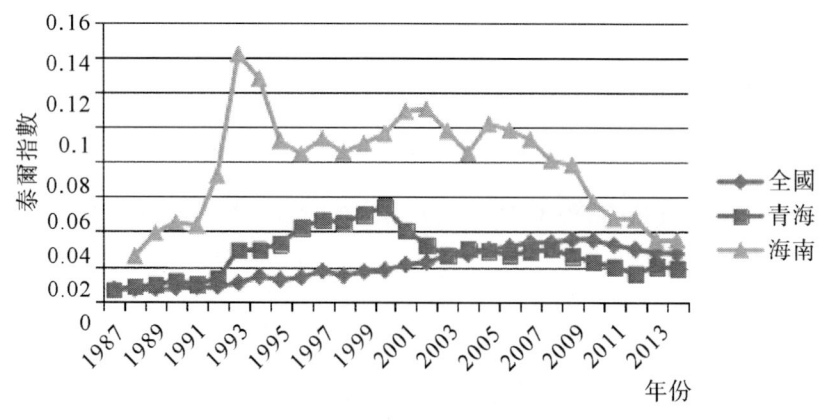

圖3-9　行業收入差距變動同步性比較（不相關）

綜上所述，我們可以得出如下結論：儘管各省份行業收入差距的波動幅度、波動範圍和全國相比存在一定的差異，也有個別省份和全國波動不相關，但總體上來看，行業收入差距的變動存在區域同步性。

二、行業收入差距區域收斂性檢驗

上文已經證實了中國不同省份行業收入差距存在區域同步性，但在同一時期不同省份的行業收入差距水平卻存在差異。那麼，這種不同區域行業收入差距的差異是否最終會收斂於同一水平呢？因此，下文中將分別從絕對 β 收斂檢驗和單位根收斂檢驗兩方面來驗證行業收入差距的區域收斂性。

（一）絕對 β 收斂檢驗

β 收斂檢驗主要考察不同國家或地區經濟增長是否存在收斂性，如果經濟增長率與經濟初始水平負相關，則稱其為 β 收斂。β 收斂分為絕對 β 收斂和條件 β 收斂兩類。絕對 β 收斂是指假定各地區初始水平相同，其他各方面如技術進步、國家政策、規章製度等也相同的條件下，各地區經濟收斂到相同的長期均衡。相反，如果各地區的技術進步、國家政策、規章製度等不同，就是條件 β 收斂。

雖然 β 收斂檢驗主要用於檢驗經濟增長的收斂性，但其方法主要是檢驗 β 值是否為負，即該經濟變量的增長值和其初始值是否負相關，如果是，則說明不同區域內的該經濟變量有收斂性。所以利用這一性質，我們把該方法應用於行業收入差距領域，利用區域橫截面數據建立迴歸模型進行收斂性檢驗

由於統計年鑒上各省份的行業數據是從 1987 年開始統計，因此在模型計算時以 1987 年作為起點。用全國各省份的行業收入不平等指數——泰爾指數來檢驗不同區域的行業收入差距是否存在絕對 β 收斂。進一步將全國劃分為東部、中部和西部三大區域，然後分別檢驗這三大區域是否各自存在俱樂部收斂。1987 年缺乏海南和重慶的數據，因而只分析其餘 29 省相關數據。其中東部地區包括遼寧、北京、天津、河北、

山東、江蘇、上海、浙江、福建、廣東10個省份；中部地區包括山西、吉林、黑龍江、江西、安徽、河南、湖北、湖南8個省份；西部地區包括內蒙古、青海、西藏、廣西、四川、貴州、雲南、陝西、甘肅、寧夏、新疆11個省份。

根據以上所述，建立1987—2014年的行業收入及其行業收入的絕對 β 收斂檢驗模型：

$$\ln\left[\frac{Theil_{i,\ 2014}}{Theil_{i,\ 1987}}\right] = \alpha + \beta \ln Theil_{i,\ 1987} + u_i \tag{3-9}$$

其中 i 為不同省份。如果 β 為負數且在統計上是顯著的，則區域間行業收入差距存在絕對 β 收斂。設 b 為收斂速度，$b = \dfrac{-\ln(1+\beta)}{t}$，此處 t 為27，即1987年至2014年的年數，$t = \dfrac{\ln 2}{b}$ 為半衰期。當然，只有當（3-9）式的隨機項滿足經典的 Gauss 假設時，OLS 迴歸才可得到無偏且一致的估計。根據模型（3-9）分別對全國、東部、中部和西部四組數據進行收斂性檢驗，結果見表3-14。

表3-14　　行業收入差距的絕對 β 收斂檢驗結果

項目	全國	東部	中部	西部
α（t 值）	-3.405*** (-3.576)	-3.972** (-2.454)	-3.279 (-1.456)	-3.851*** (-13.293)
β（t 值）	-0.948*** (-5.241)	-1.103*** (-3.666)	-0.838 (-2.026)	-0.881*** (-4.683)
R^2	0.504	0.627	0.562	0.709
DW 值	1.379	2.147	1.791	1.185
樣本容量	29	10	8	11

表3-14(續)

項目	全國	東部	中部	西部
收斂速度（%）	10.95			7.88
半衰期（年）	6.3			8.8
殘差的ADF值	-4.523***	-4.031***		-5.988***

註：***、**、*分別表示在1%、5%和10%的顯著性水平下顯著.

從表3-14的迴歸結果看，全國、東部地區、西部地區三個迴歸方程顯著，β值均在1%的顯著性水平下顯著成立，存在絕對β收斂，但中部地區方程不顯著，不存在絕對β收斂。因此可以得出結論：行業收入差距在全國範圍內存在絕對β收斂，同時還存在東部和西部的俱樂部收斂。至於中部地區不存在絕對β收斂，可能是因為中部地區範圍較廣，各省間經濟增長速度存在很大差異，並因此導致行業收入差異較大，故不存在區域收斂性。進一步觀察其收斂速度，東部因為β值小於-1，無法計算收斂速度，但僅從β值上觀察，其收斂性最快。另外，全國的收斂速度大於西部的收斂速度，這說明經濟較為落後的地區，其收斂性也相對較差。

(二) 單位根收斂檢驗

上面的絕對β收斂檢驗是從橫截面數據、大區域的角度出發研究行業收入差距的收斂性問題，接下來進一步從時間序列數據分析各省作為一個獨立個體對全國共同趨勢的收斂性問題。

首先設定各省行業收入差距的單位根（ADF）檢驗模型，如下所示：

$$\Delta(Theil_{it} - \overline{Theil_t}) = \alpha + \eta t + \lambda(Theil_{it-1} - \overline{Theil_{t-1}}) + \sum_{k=1}^{m} \varphi_{ik} \Delta(Theil_{it-k} - \overline{Theil_{t-k}}) + \varepsilon_{it} \qquad (3-10)$$

模型（3-10）中 $Theil_{it}$ 為第 i 省第 t 期的行業收入差距，$\overline{Theil_t}$ 為第 t 期各省的平均行業收入差距。$Theil_{it} - \overline{Theil_t}$ 即為各省行業收入差距減去全國共同趨勢的單變量序列，檢驗單獨各省的行業收入差距是否具有共同趨勢項的收斂性，即相當於檢驗（$Theil_{it} - \overline{Theil_t}$）是否為平穩隨機過程。經過單位根檢驗後如果為平穩隨機過程，則說明各省行業收入差距向共同趨勢水平 $\overline{Theil_t}$ 收斂，外部環境變化對各省行業收入差距偏離共同趨勢的影響是暫時的；相反，如果證實該序列不是平穩隨機過程，存在單位根，則說明外部衝擊的影響是持久的，各省行業收入差距不具有收斂性。

利用 Eviews7.2 對各省的單變量序列（$Theil_{it} - \overline{Theil_t}$）進行 ADF 單位根檢驗，具體檢驗結果見表 3-15。

表 3-15　1987—2014 年各省（市、自治區）行業收入差距單位根檢驗結果（剔除全國共同趨勢）

省份	ADF 值	P 值	結論	省份	ADF 值	P 值	結論
北京	-0.709,5	0.827,9	非平穩	湖北	-0.298,0	0.912,9	非平穩
天津	-1.742,1	0.399,7	非平穩	湖南	-2.161,5	0.224,3	非平穩
河北	-2.316,2	0.174,3	非平穩	廣東	-1.660,4	0.438,7	非平穩
山西	-2.853,9	0.064,7	平穩	廣西	-2.230,1	0.200,9	非平穩
內蒙古	-0.754,0	0.816,0	非平穩	海南	-0.627,5	0.434,8	非平穩
遼寧	-2.974,7	0.050,2	平穩	重慶	-2.858,1	0.072,5	平穩
吉林	-1.804	0.708,5	非平穩	四川	-2.653,8	0.095,1	平穩
黑龍江	-2.068,5	0.258,0	非平穩	貴州	-2.136,3	0.232,9	非平穩
上海	0.077,9	0.942,4	非平穩	雲南	-0.039,7	0.945,9	非平穩
江蘇	-2.812,1	0.072,1	平穩	西藏	-3.896,0	0.006,3	平穩
浙江	-1.190,6	0.663,4	非平穩	陝西	-1.799,5	0.372,7	非平穩
安徽	-0.668,9	0.838,3	非平穩	甘肅	-0.506,5	0.874,7	非平穩

表3-15(續)

省份	ADF 值	P 值	結論	省份	ADF 值	P 值	結論
福建	-2.111,2	0.242,1	非平穩	青海	-0.804,9	0.801,6	非平穩
江西	-0.761,3	0.814,0	非平穩	寧夏	-2.795,6	0.072,2	平穩
山東	-1.890,6	0.330,8	非平穩	新疆	-1.106,4	0.696,9	非平穩
河南	-0.103,9	0.939,4	非平穩	—	—	—	—

註：此處的 ADF 檢驗包含截距項，表中的 P 值為伴隨概率，結論的顯著性水平為 10%。

從表 3-15 的結果可以看出，在單獨各省行業收入差距對全國共同趨勢的收斂性檢驗中，共有 7 個省份（山西、遼寧、江蘇、重慶、四川、西藏、寧夏）的序列在 10% 的顯著性水平下通過了單位根檢驗，說明這些個體省份的行業收入差距存在向全國共同趨勢的收斂性。其他省（河北、黑龍江、福建、湖南、廣西、貴州）的序列在 30% 的顯著性水平下通過了單位根檢驗，也就是說，這些省份也存在一定程度的收斂性。

第五節 本章小結

本章綜合運用了統計分析和計量經濟模型的方法來研究中國行業收入差距的演變趨勢和多維特徵。第一節簡單介紹了行業收入差距的測度指標；第二節用多種統計方法分析了中國改革開放後行業收入差距變動趨勢及階段特徵，並進行了短期預測；第三節多角度、多層次分析了行業收入差距的演變特徵；第四節對行業收入差距的區域同步性和區域收斂性進行了計量檢驗。

本章的主要結論如下：

結論1：改革開放後中國各行業平均工資上漲速度較快，但增長速

度差異很大，各種絕對和相對指標均顯示出行業收入差距主流變化呈擴大趨勢。

結論2：通過對相關指標的統計圖表分析，可以看出行業收入差距變化主要分為三個階段。第一階段：1978—1988年，行業收入差距為持續縮小階段。第二階段：1989—2002年，行業收入差距為逐步擴大階段。第三階段：2003—2014年，在這個時間段內，前期行業收入差距增長趨於平緩，後期呈現緩慢下降趨勢。到2017年的短期預測中，行業收入差距增速緩慢。

結論3：1978—2014年，低收入行業相對穩定，農、林、牧、漁業及住宿和餐飲業一直位於行業收入低端。高收入行業向資金、技術密集型行業轉移。

結論4：各省的橫截面行業收入差距存在地區差異。行業收入差距與各地區的經濟發展程度及平均收入水平沒有完全的正相關關係。同一行業的地區收入差距差異很大。對相同年份的同一行業而言，東部地區的平均工資要高於中部與西部地區。

結論5：同一行業門類內部即行業大類行業收入差距很大。如2014年製造業和交通運輸、倉儲和郵政業內部的行業收入極值比分別達到3.29和2.60。

結論6：行業收入差距在不同產業間存在差異。近些年內，第三產業內行業收入差距較大，對總差距的貢獻在55%左右，第二產業貢獻率為12%左右，不同產業組間差距貢獻率呈下降趨勢，表明產業間的收入差距在縮小。

結論7：行業收入差距在不同所有制單位間存在差異。2000年國有單位、城鎮集體單位和其他單位間的行業收入差距差別不大，2014年城鎮集體單位和其他單位間的行業收入差距遠遠大於國有單位；2000—

2014 年，國有單位行業收入差距變動較小，其他單位行業收入差距提高迅速。

結論 8：壟斷行業和競爭性行業收入差距變化不同。在本文對壟斷行業、競爭性行業的分類基礎上，發現壟斷行業內部收入差距逐步擴大，競爭性行業緩慢縮小，組間差距貢獻率呈下降趨勢。

結論 9：通過計算各省行業收入泰爾指數和全國行業收入泰爾指數時間序列數據之間的相關係數，發現從總體上來看，中國行業收入差距存在區域同步性。

結論 10：根據收斂性的不同含義，利用計量模型分別對中國區域間的絕對 β 收斂和單個省份的單位根收斂進行了實證檢驗。結果發現：行業收入差距存在全國範圍內的絕對 β 收斂，同時還存在東部和西部的俱樂部收斂，且東部地區收斂速度快於西部地區，但中部不存在絕對 β 收斂；ADF 單位根檢驗發現部分個體省份存在向全國共同趨勢的收斂性。

第四章　中國行業收入兩極分化研究

　　第三章分析了中國行業收入差距的演變趨勢和多維特徵，這一章將從一個新的視角「極化」出發研究中國行業收入的變化。目前學術研究中，學者們極少關注收入極化問題。社會很多領域都可以用極化來進行研究，除了收入、財富分配和經濟增長率以外，其他經濟問題如勞動力市場格局、發展中國家二元經濟以及更廣泛的社會科學如種族、宗教領域極化的研究甚至比不平等研究更有效。根據研究對象的不同，極化可以從兩極或多極分化的角度來進行分析，本章主要研究行業收入的兩極分化情況。

第一節　兩極分化相關理論

一、兩極分化的含義

（一）兩極分化的內涵分析

　　學者們在研究收入分配問題時，常使用「收入分配差距過大」「貧富分化嚴重」等術語，避免直接提及兩極分化。實際上在社會主義初級階段的市場經濟體制下，研究兩極分化是有必要的，那麼「兩極分化」的具體含義是什麼呢？「兩極」可以解釋為「兩個極端或兩個對立面」；「分

化」的一個解釋是，「導致其統一的部分分解或破壞；性質相同的事物變成性質不同的事物」。從中不難看出兩極分化的含義：原本性質相同的事物在發展演變過程中逐漸向兩個極端或者相反的方向變化。涉及收入分配領域時，兩極分化可以理解為：原本收入相對統一的社會群體逐漸裂化發展成為差異很大的高、低兩個收入階層，而中間階層的人數卻越來越少，即為「啞鈴型」的收入分配格局。兩極分化的極端情況是完全兩極分化：總人口一半擁有社會全部收入且他們的收入相等；而另外的一半人口其收入均為零；不存在中間收入階層。進一步分析，兩極分化即為一個統一的社會群體日益分裂成為兩個群體，並且如果群內的差距越來越小而群間差距越來越大，兩個群體的規模越來越趨近相同，那麼兩極分化就會越來越嚴重。根據兩極分化的含義，在研究一個事物的極化問題時，該事物應具備以下特徵：不同的群體內各自存在高度的同質性；群體之間存有高度的異質性；必須有明顯規模的分組群體。

此外，還可以從質和量兩個角度來分析收入分配的兩極分化。從質的規定性來看，收入分配兩極分化充分體現了社會富裕階層對貧困階層的無償佔有，突出表現了兩者之間在分配關係上的矛盾，反應了收入分配的不公平性。因此從這個意義上來說，如果收入分配是公正公平的，不論收入差距有多大，我們也不能認為發生了收入兩極分化，只有當收入分配不公平，才可以說發生兩極分化。從量的規定性來看，只有當收入差距達到或超過了一定程度時，才可以稱為兩極分化，反之如果收入差距較小，即使存在收入分配的不公平，也不能絕對說發生了兩極分化，因此收入兩極分化也可以看成是收入差距的一種特殊形式。兩極分化質的規定性、量的規定性之間既相互聯繫又相互區別。正是因為收入分配的不公平性，才導致社會收入差距越來越大；正是因為收入差距達到了一定程度，才使得富者可以無償佔有貧者的勞動收入；這兩者之間相互作用，致使收入差距越來

越大，表現為富者越富、窮者越窮，最終演變為兩極分化。

(二) 馬克思和鄧小平關於兩極分化的論述

全世界無產階級的偉大導師馬克思很早就提出了關於兩極分化的觀點。馬克思認為，「我們的時代有這樣一個特點：階級之間的對立簡單化了。整個社會階層逐漸分裂為兩個相互直接對立的階級——資產階級和無產階級」。① 另外在其著作《資本論》當中，馬克思說：「在一極是財富的累積，同時在另外一極，即在把自己的產品作為資本來生產的階級方面，是貧困、勞動折磨、受奴役、無知、粗野和道德墮落的累積。」② 通過以上描述，可以看出馬克思對兩極分化的認識：在資本主義發展過程中，社會整體逐漸演變為兩個群體規模很大、相互敵對的階級——資產階級和無產階級，基本上沒有中間階層。雖然馬克思是從社會製度和剝削的角度來討論兩極分化，研究的主要是資本家和無產者之間的矛盾衝突，反應的是資本主義社會製度的腐朽，但是同時指出了兩極分化的本質內涵，即原先的社會成員向兩個對立面聚集，中間階層的人數較少，不能單獨構成另外一極。

改革開放以後，鄧小平也曾多次談到中國經濟發展中的兩極分化問題，對於中國兩極分化發生的可能性以及如何避免兩極分化都做了深刻闡述。1992年鄧小平指出：「如果富的愈來愈富，窮的愈來愈窮，兩極分化就會產生，而社會主義製度就應該而且能夠避免兩極分化。解決的辦法之一，就是使富起來的地區多交點利稅，支持貧困地區發展。」③ 鄧小平還指出：「過去先強調發展，這是必須的。現在看，發展起來以後的分配問題，比不發展的時候還要多，還要困難。那麼多的財富，如

---

① 馬克思, 恩格斯. 馬克思恩格斯選集：第1卷 [M]. 北京：人民出版社，1972：251.
② 馬克思. 資本論：第1卷 [M]. 北京：人民出版社，1975：708.
③ 鄧小平. 鄧小平文選：第3卷 [M]. 北京：人民出版社，1993：374.

果被少數人得到了，大多數人沒有，分配不公，導致兩極分化，如果這樣長期下去，將來要發生大問題。我們應該採取各種方法、各種手段、各種方案來解決這個問題。」① 此外，鄧小平提出了在社會主義初級階段的一個重要理論，即通過誠實勞動先富起來的人帶動後富，最終實現共同富裕。此處的「先富」指已經富裕起來的群體，收入較高；而「後富」則是指暫時沒有富裕起來的群體，收入較低。因此，「富的愈來愈富」「窮的愈來愈窮」即是說原本兩個收入高低不同的群體越來越向兩個極端發展，高收入人群收入越來越高，低收入人群收入越來越低，如果兩者收入差距擴大到一定程度，就可以認為發生了兩極分化，或者說由原來輕微的兩極分化發展為嚴重的兩極分化。當然由於所處的時代背景不同，不管是馬克思還是鄧小平，他們對兩極分化的闡述中都充分體現出了特色鮮明的時代背景，賦予了兩極分化特定而具體的含義，豐富了收入分配理論，指導了當時的社會實踐活動。

(三) 收入不平等和兩極分化的區別

傳統的收入分配研究主要關注收入不平等和貧困現象，並取得了很多研究成果，並且建立了較成熟的測度收入不平等程度和貧困線的一系列方法和指標體系。但是進入 20 世紀 90 年代，西方的很多發達資本主義國家出現了所謂「中產階級萎縮」的社會現象，即社會中中等收入人群的比例越來越低，而這種現象無法得到傳統收入不平等測度方法的充分解釋。正是在這樣的背景下，兩極分化的概念應運而生，學術界開始高度重視兩極分化及其測度方法的研究，相關理論和方法得到快速發展，兩極分化也向多極化方向發展。從上面的分析中可以看出，收入不平等和收入兩極分化是研究收入分配的兩個不同概念，前者研究的是社會群

---

① 冷溶，汪作玲. 鄧小平年譜（1975—1997）[M]. 北京：中央文獻出版社，2004：1236.

體收入分布的離散程度，它強調的是所有成員個體和總體平均值之間的平均偏離程度，離散程度越大，收入不平等程度越高。而後者一般理解為經濟中的成員向兩個不同收入水平聚集，並最終形成具有顯著差異收入水平的兩個群體。測度收入不平等時需要遵循庇古-道爾頓轉移公理。該公理的基本思想是：在外部條件不變，同時又不改變原來人群的收入排序時，把富有者的收入轉給相對較貧困者，將會降低收入不平等程度。反之，兩極分化與庇古-道爾頓公理有時是相違背的，它更多地強調收入在兩個局部區域的聚集（Wolfson，1994）。譬如，圖4-1中虛線部分為整體人群原先的分配狀況，總人口在不同收入水平上平均分布，即不同收入水平上人口數量都相等。如果收入分配結構發生變化，如圖中箭頭所示，人口分別向兩個不同的水平聚集，原來的平均分布轉變為明顯的雙峰分布。比較虛線和實線兩種不同的收入結構，顯然後者的收入不平等程度降低了，但是現在居民的收入向兩個水平聚集，中等收入人群數量大幅減少，導致兩極分化程度加重，因而從圖4-1中可以直觀地分辨出收入不平等和收入兩極分化之間的區別。實際上，原先的分配結構經過變化後，收入不平等和兩極分化的變動趨勢有三種結果：①雙方同時增大；②雙方同時降低；③一方增大，另一方降低。

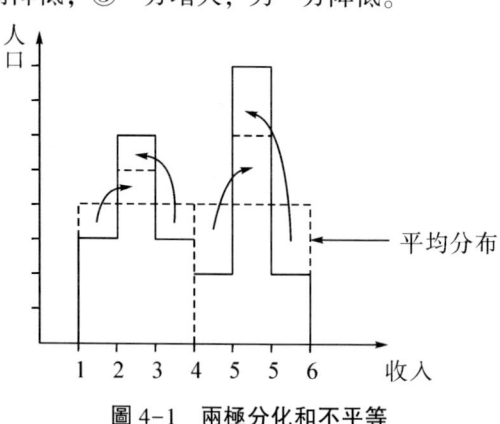

圖4-1　兩極分化和不平等

綜上所述，收入不平等與兩極分化是兩個不同的概念，在收入分配結構發生變化時，兩者的變動趨勢並不一定相同。因此，兩極分化嚴重時，不平等程度可能並不高，比如在考察經濟增長率時，南、北半球兩極分化加劇，但是不平等程度卻在降低；反之，不平等程度較高時，兩極分化可能並不嚴重。

二、兩極分化的研究現狀

收入兩極分化問題是目前國際上收入分配領域的熱門課題，國際上收入分配的專業雜誌 *Review of Income and Wealth* 於 2011 年第 1 期出版了研究收入兩極分化的專輯。Foster 和 Wolfson（1992）與 Wolfson（1997）提出了一種重要的收入兩極分化指數。Chakravarty 等（2007）提出了絕對極化指數，Esteban 和 Ray（1994）、J. Y Duclos 等（2004）提出了多極化指數，Duclos、Echevin（2005）、You-Qiang 和 Kai-Yuen（2000）等研究了收入兩極分化的比較方法。Gradin（2005）考察了西班牙的收入極化問題，Dawkins（2005）研究了澳大利亞就業市場的極化問題。目前國際上關於極化的研究主要集中於兩個方向：一是關於極化程度的測度指標和測度方法的研究，主要以 Wolfson（1994，1997）和 Esteban（1994，1999，2004，2005）等為代表；二是在研究收入極化的基礎上，擴展到種族、宗教、社會分化和衝突等領域的研究（Esteban & Ray，2008，2009）。

對於中國兩極分化發生與否，學者們觀點分歧，既有否定論也有肯定論。黃忠芳（2002）認為公有制經濟不可能發生兩極分化。陳宗勝（2002）認為中國目前還沒有進入兩極分化的狀態，主要理由是收入差距雖較大，基尼系數在 0.4~0.5，但沒有超過 0.5（國際上公認的兩極分化的標準）。趙振華（2003）認為兩極分化存在質和量兩方面的規

定,各種統計數據顯示,中國還沒有出現兩極分化。王明華(2003)認為中國雖然出現貧富差距,但從質和量的規定性、社會承受力等各種角度看,沒有出現兩極分化。孫居濤(2005)認為,中國的收入差距從合理區間向不合理區間轉變,但還沒有出現兩極分化。但也有很多學者認為發生了兩極分化。胡培兆(2003)認為在真正實現共同富裕前,兩極分化是不可避免的。張大軍(2005)認為全國範圍內雖然沒有嚴重的兩極分化,但是局部地區出現了嚴重的兩極分化。朱明、吳偉(2007)認為近年來中國城鄉收入分配出現兩極分化趨勢,形成「馬太效應」。洪興建和李金昌(2007)利用各種極化指數實證研究了中國不同經濟區域的兩極分化,多數極化指數呈上升趨勢。

也有學者專門進行了收入不平等指數和兩極分化指數的比較。Zhang等(2001)運用ER方法估算了1983—1995年中國城鄉以及沿海和內地城市的兩極分化指數,並將其和基尼系數進行比較,結果發現極化指數與基尼系數之間沒有明顯差異。

三、兩極分化測度指標

(一)W指數

Foster和Wolfson(1992)在洛倫茨曲線的基礎上提出了兩極分化曲線的概念,並比較了洛倫茨曲線和兩極分化曲線之間的相互關係。然後依據兩極分化曲線的概念,Wolfson(1994)給出了用於衡量兩極分化的W指數:

$$w = \frac{2u}{m}(2T - G) \qquad (4-1)$$

其中 m 為所有成員收入排序後的中位數,u 為所有成員收入算術平均數,G 為不平等指數基尼系數,T 表示收入排序後最低50%收入成員

的人口比例減去該部分人口收入比例的差，表示為 $T = 0.5 - L(0.5)$，其中 $L(0.5)$ 即為收入最低的 50% 人口所占的收入比例。

(二) ER 指數

Esteban 和 Ray（1994）認為，極化應該具備如下特徵：①同一群體內成員具有高度的同質性；②不同群體之間具有高度的異質性；③具有一些規模較大的群體，其他群體占比較小。基於這些特徵，測度極化的 ER 指數建立在兩個函數——身分認同函數（identification function）和疏遠函數（alienation function）的基礎上。計算該指數時，首先按照一定分類標準對所有成員進行分組，然後測定各個組內成員的同質程度及各組之間的差異程度，最後根據一定的函數形式構造出 ER 指數。設 y_i 為第 i 組的人均收入的自然對數，π_i 為第 i 組的人口份額，則 π_i^α 為認同函數，同組的人越多，認同感越強烈。$|y_i - y_j|$ 為疏遠函數，兩組收入差距越大，疏遠感越強烈。把兩者相乘並對所有組相加得到測度指數為：

$$ER = K \sum_{i}^{n} \sum_{j}^{n} \pi_i \pi_j \pi_i^{\alpha} |y_i - y_j| \tag{4-2}$$

其中 K 為大於 0 的常數，起一個標準化作用。α 為反應極化敏感性的參數，且 $\alpha \in (0, 1.6]$。α 的值越大，ER 的估計結果與基尼系數的估計相差越大，$\alpha = 0$，和基尼系數估計相同。

(三) EGR 指數

儘管 Esteban 和 Ray（1994）給出了測度極化的 ER 指數，但是 ER 指數需要對原始收入數據重新分組，尤其是分組數較少時，可能會導致某一組內收入範圍過大，使得該組內部成員之間都存在顯著的疏遠感。也就是說，使用這種重新分組的方法測度極化時，會損失掉原始數據提供的信息，致使估計結果出現很大的偏誤。因此，為了減低這種偏誤，

Esteban 等（1999）提出了一個新的測度方法——EGR 方法，如公式（4-3）所示。

$$EGR = K\sum_{i}^{n}\sum_{j}^{n}\pi_i\pi_j\pi_i^{\alpha}|y_i - y_j| - \beta[G - G(y)] \qquad (4-3)$$

該方法是在 ER 方法（EGR 指數等式右邊第一項即為 ER 指數）的基礎上，引入了一個誤差項 $\beta[G - G(y)]$，其中 $\beta > 0$ 是一個敏感性參數，用來衡量組內聚合程度。G 為實際收入分配的基尼系數，當組內每個成員收入均等於該組平均收入 y 時，基尼系數為 $G(y)$。$G - G(y)$ 反應組內不平等程度，該數值越大，說明組內成員之間聚集的程度越低，由此引起的兩極分化程度越低。因此在 EGR 指數中，為了體現這個影響，右邊第二項前面的符號為減號。

（四）LU 指數

儘管 EGR 指數在 ER 指數的基礎上減去了因為組內不平等（組內不平等影響組內成員認同感）帶來的影響，但 EGR 指數仍然存在一定的缺陷，因為公式（4-3）中的 $G - G(y)$ 只有在各組成員的收入不存在重疊時，才能準確地反應出組內不平等情況。因此為了彌補這種缺陷，Lasso 和 Urrutia（2006）提出測度極化的一個新公式：

$$LU = K\sum_{i}^{n}\sum_{j}^{n}\pi_i\pi_j\pi_i^{\alpha}(1 - G_i)^{\beta}|y_i - y_j| \qquad (4-4)$$

其中 G_i 為第 i 組成員收入的基尼系數。其他變量和上面兩個公式中的含義相同。觀察公式（4-4）可以看出，為了克服 EGR 指數的不足，LU 指數直接將組內不平等的影響 $(1 - G_i)^{\beta}$ 體現在 ER 指數的認同函數中。

W 指數只能夠用於測度極化中的兩極分化情況，而後面三種指數不僅可以用於測度兩極分化，還可以測度多極分化。本研究在測度行業收入兩極分化時，為提高結果的準確性，避免一種指標可能帶來的偏

誤，把上述幾種指標結合起來使用。

第二節　中國行業收入兩極分化的測算分析

一、行業收入兩極分化指數測算

本研究計算改革開放後中國行業收入兩極分化不同指數，計算結果見表4-1所示。因為W指數需要用到行業收入的中位數，這個數值要根據分組數據進行分析，主觀性較強，估計結果不理想，因此本研究主要用ER指數、EGR指數和LU指數來分析行業收入的兩極分化情況。用ER指數計算兩極分化時，K取值為10，反應極化敏感性的參數的α取值為1.5。把不同年份的行業按收入水平高低排序，然後觀察序列，把所有行業分成高收入組和低收入組兩部分，接著計算出兩組的人口比例和平均收入，然後利用公式（4-2）計算ER指數。公式（4-3）中EGR指數計算中的β取值為2，K取值為10，α取值為1.5。在按照公式（4-4）計算LU指數時，K取值為10，α取值為1.5，β取值為1。需要說明的是，通過計算發現，參數的不同取值對各項指數的計算結果幾乎不產生影響。因為各種指數原始數據較小，不易比較，我們把1978年作為基年，取值為100，計算出了各年兩極分化指數的相對值。

表4-1　中國行業收入兩極分化測算結果（1978—2014年）

年份	絕對值			相對值		
	ER指數	EGR指數	LU指數	ER指數	EGR指數	LU指數
1978	0.331,2	0.290,8	0.317,0	100.00	100.00	100.00
1979	0.312,5	0.271,5	0.301,3	94.35	93.36	95.05

表4-1(續)

年份	絕對值			相對值		
	ER 指數	EGR 指數	LU 指數	ER 指數	EGR 指數	LU 指數
1980	0.288,7	0.248,0	0.278,2	87.17	85.28	87.76
1981	0.283,4	0.243,6	0.274,6	85.57	83.77	86.62
1982	0.276,5	0.234,7	0.265,7	83.48	80.71	83.82
1983	0.283,2	0.239,8	0.272,8	85.51	82.46	86.06
1984	0.289,4	0.246,7	0.274,6	87.38	84.83	86.62
1985	0.296,5	0.254,0	0.284,2	89.52	87.35	89.65
1986	0.287,9	0.244,3	0.274,6	86.93	84.01	86.62
1987	0.272,6	0.233,7	0.251,7	82.31	80.36	79.40
1988	0.275,4	0.234,8	0.261,6	83.15	80.74	82.52
1989	0.266,8	0.224,7	0.255,0	80.56	77.27	80.44
1990	0.299,0	0.254,2	0.285,7	90.28	87.41	90.13
1991	0.290,7	0.249,8	0.276,4	87.77	85.90	87.19
1992	0.326,3	0.282,4	0.311,3	98.52	97.11	98.20
1993	0.331,3	0.297,8	0.314,0	100.03	102.41	99.05
1994	0.459,9	0.412,6	0.436,2	138.86	141.88	137.60
1995	0.397,5	0.341,6	0.368,8	120.02	117.47	116.34
1996	0.445,6	0.394,8	0.421,8	134.54	135.76	133.06
1997	0.519,3	0.459,7	0.489,6	156.79	158.08	154.45
1998	0.415,6	0.364,5	0.389,8	125.48	125.34	122.97
1999	0.470,0	0.412,6	0.439,5	141.91	141.88	138.64
2000	0.491,2	0.429,3	0.461,0	148.31	147.63	145.43
2001	0.586,1	0.517,6	0.552,6	176.96	177.99	174.32
2002	0.617,7	0.538,5	0.583,3	186.50	185.18	184.01
2003	0.581,2	0.516,7	0.538,0	175.48	177.68	169.72
2004	0.603,5	0.532,8	0.561,2	182.22	183.22	177.03

表4-1(續)

年份	絕對值			相對值		
	ER 指數	EGR 指數	LU 指數	ER 指數	EGR 指數	LU 指數
2005	0.651,4	0.578,8	0.605,9	196.68	199.04	191.14
2006	0.656,2	0.579,8	0.608,0	198.13	199.38	191.80
2007	0.726,6	0.648,7	0.656,3	219.38	223.07	207.03
2008	0.738,2	0.659,6	0.682,1	222.89	226.82	215.17
2009	0.735,9	0.654,2	0.683,2	222.19	224.97	215.52
2010	0.704,0	0.624,4	0.649,9	212.56	214.72	205.02
2011	0.637,1	0.563,7	0.585,5	192.36	193.84	184.70
2012	0.595,9	0.524,6	0.543,6	179.92	180.40	171.48
2013	0.579,4	0.512,3	0.534,5	174.94	176.17	168.61
2014	0.562,7	0.498,5	0.528,9	169.90	171.42	166.85

表4-1列出了1978—2014年中國行業收入兩極分化的測算結果，三個指數的絕對值變化均顯示出收入兩極分化加劇。可以計算出2014年ER指數、EGR指數和LU指數分別約是1978年的1.70倍、1.71倍和1.69倍，都提高了70%左右，年均增長率分別為1.48%、1.50%和1.43%，因此可以看出行業收入兩極分化的擴大趨勢是非常明顯的。

為了得到更直觀的比較結果，圖4-2給出了三個指數的數據點折線圖，可以看出不同指數的變化趨勢基本相同。另外，從該圖中我們可以清楚地看到，1978—1991年，行業收入兩極分化變化不大，1992年開始，市場化程度加深，行業收入兩極化程度隨之擴大。更具體來說，1992—2008年兩極分化擴大趨勢明顯，其中1994、1997和2002年兩極分化情況較為突出，2008年各種指數達到最大值，然後開始逐年下降。

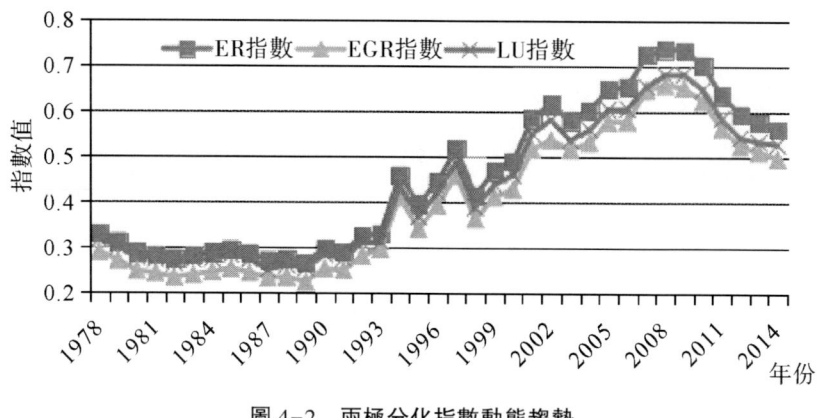

图 4-2　兩極分化指數動態趨勢

二、行業收入離散概率分布

為了更直觀地比較不同時期行業收入的分布情況，本研究把行業收入從低到高排列，然後計算出每個行業的職工人數占總職工的比例（2003年以後該指標為就業人數），再分成幾個不同時間段繪制行業收入的離散概率分布圖。為了便於比較其概率分布，製作平滑線散點圖作對比。

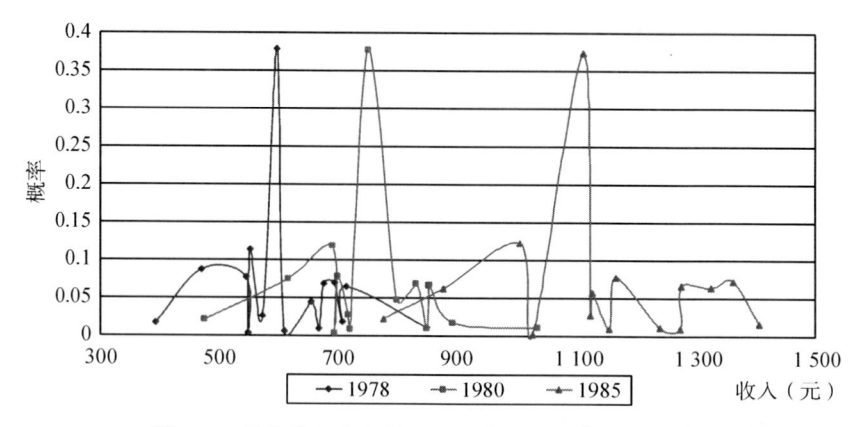

圖 4-3　行業收入分布圖（1978年、1980年、1985年）

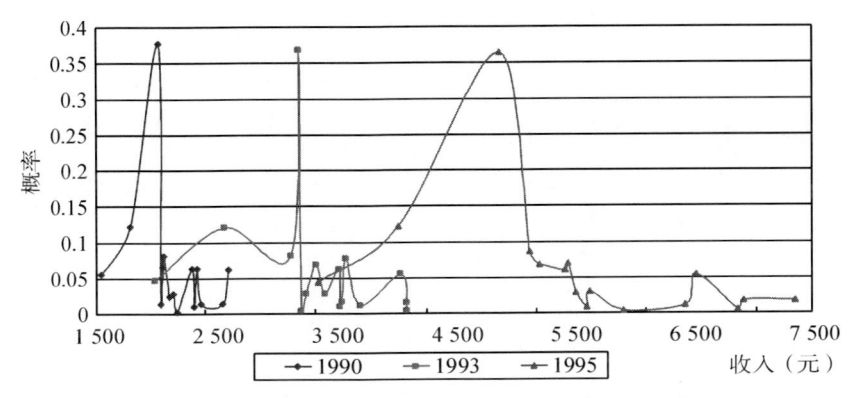

圖 4-4　行業收入分布圖（1990 年、1993 年、1995 年）

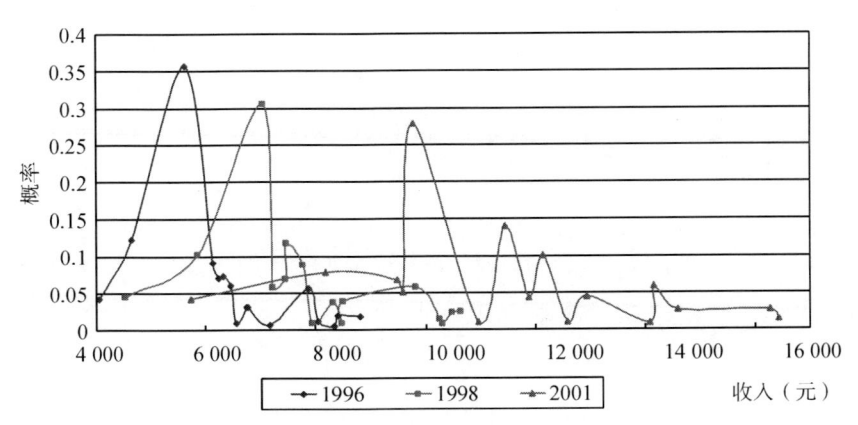

圖 4-5　行業收入分布圖（1996 年、1998 年、2001 年）

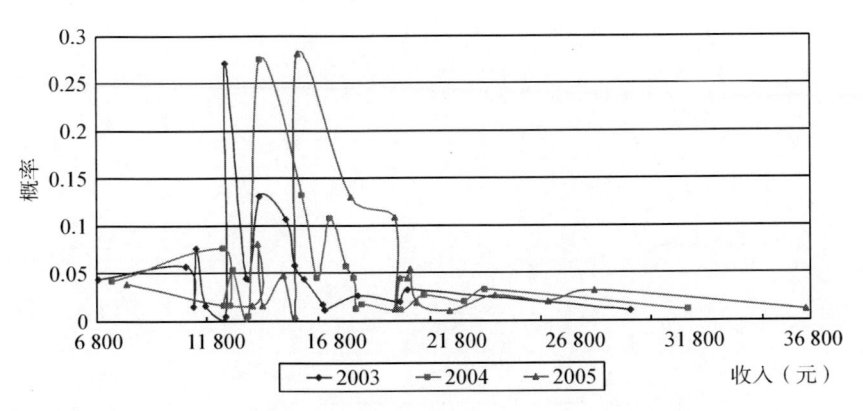

圖 4-6　行業收入分布圖（2003 年、2004 年、2005 年）

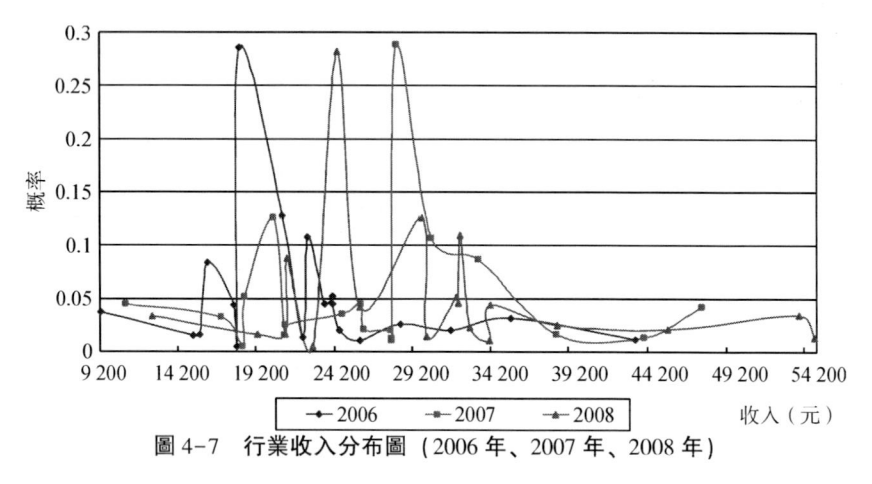

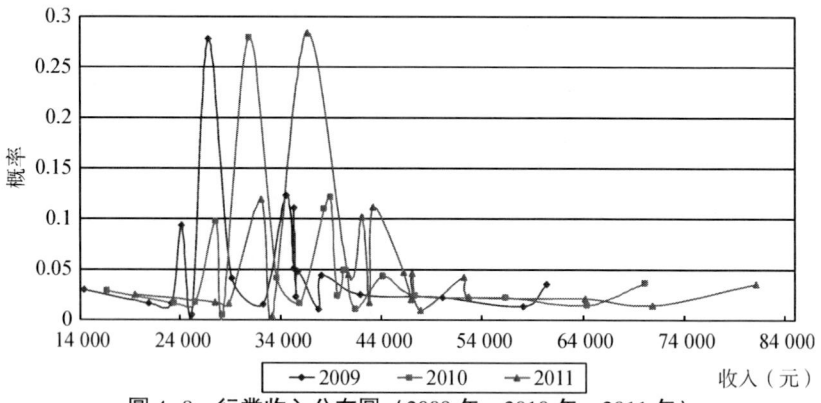

图 4-7　行业收入分布图（2006 年、2007 年、2008 年）

图 4-8　行业收入分布图（2009 年、2010 年、2011 年）

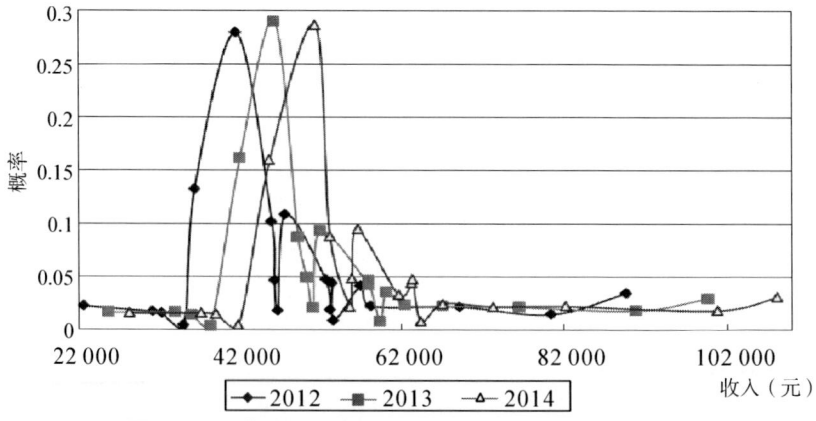

图 4-9　行业收入分布图（2012 年、2013 年、2014 年）

觀察圖4-3到圖4-9，可以看出，1978—1985年各行業收入差異不大，中間收入人群占比較高，呈現比較明顯的對稱單峰分布；1990—1995年，行業間收入差距開始擴大，同樣呈現單峰分布，略顯右偏分布；1996—2005年，行業收入的極值差繼續擴大，右偏分布明顯，低收入人群占比偏高，圖4-6顯示，2003年後開始出現了雙峰現象；2006—2011年，仔細觀察圖4-7和圖4-8後，發現單峰分布向雙峰分布轉化的趨勢進一步增強，但是雙峰分布沒有形成明顯對比，因此還不能絕對判定發生了兩極分化；在圖4-9中的2012—2014年，行業收入的離散分布圖和2009—2011年的比較接近，所以仍可判定沒有明顯的兩極分化。

三、兩極分化與不平等比較分析

本章第一節中已經說明了收入兩極分化與收入不平等的不同之處：隨著時間的推移，兩者變化趨勢可能相同，也可能不同，甚至呈現恰好相反的變動趨勢。因此，本研究就中國1978年以來兩者的演變情況作比較，分析其變化趨勢屬於哪一種結果。我們用第三章中收入不平等的測度指標泰爾指數和本章中LU指數作比較，而由於兩者原始數據差異較大，為方便比較，對泰爾指數乘以10（這樣的修改不影響指數的變動趨勢和變動幅度），定義為泰爾指數（修），這樣一來，兩者數據的範圍比較接近，更易分析差異。

同樣，為了得到更直觀的比較結果，圖4-10給出了兩個指數的數據點折線圖。從圖4-10中可以看出，雖然變動幅度有所差異，但兩個指標的變動趨勢基本相同：1992年之前，行業收入不平等和行業收入兩極分化程度都有微弱下降；1993—2008年呈上升趨勢，其中1994年和1997年收入不平等和兩極分化都有明顯突出現象；2008年後兩者都

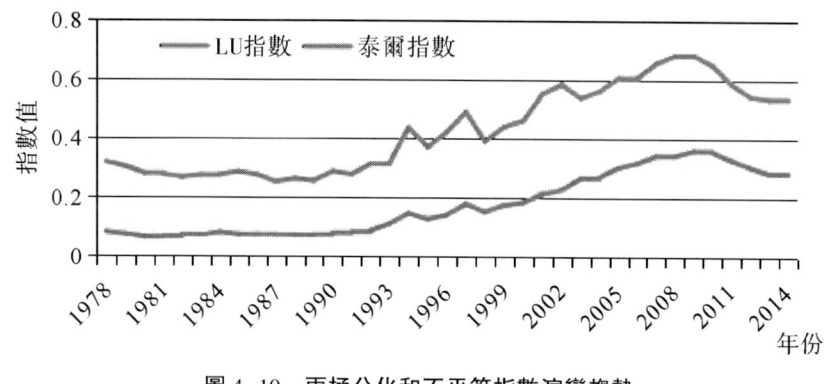

圖 4-10　兩極分化和不平等指數演變趨勢

開始下降。這說明中國行業收入兩極分化變動和行業收入不平等變動之間沒有明顯差異，這和 Zhang 等（2001）的研究結論一致。

第三節　本章小結

本章第一節闡述了收入兩極分化的內涵，指出其和收入不平等的區別並總結了國內外研究現狀，第二節在介紹兩極分化指標的基礎上測算出中國改革開放後的兩極分化演變軌跡，並且做出了不同年限間的行業收入離散概率分布圖以顯示兩極分化演變趨勢，最後對行業收入不平等和行業收入兩極分化進行了比較分析，得出主要結論如下：

結論 1：行業收入兩極分化擴大趨勢明顯，和 1978 年相比，2014 年三種極化指數都提高了 70% 左右。

結論 2：1978—1991 年，行業收入兩極分化變化不大；1992—2008 年，兩極分化擴大趨勢明顯；2008 年各種指數達到最大值，然後開始逐年下降。

結論 3：從行業收入離散概率分布圖看出，近些年，行業收入開始

出現雙峰分布，但雙峰分布沒有形成明顯對比，因此還不能絕對判定發生了兩極分化。

結論4：通過比較分析，中國行業收入兩極分化變動和行業收入不平等變動之間沒有明顯差異。

第五章　中國行業收入差距的價值判斷

第一節　行業收入分配的公平論

一、一般公平理論

　　公平是社會達成了共識的正義原則，是對社會現象的一種道德評價和價值判斷。它是一個內涵十分豐富的範疇，涉及的領域非常多，如經濟、法律、道德、政治等。從經濟學角度分析，廣義的公平是指經濟活動全部過程的平等與合理，狹義的公平主要是指收入分配的公平。公平不是一個永恆的範疇，在不同的歷史階段或生產方式下，公平的觀念伴隨著經濟關係的變化而變化，所以公平具有歷史性。恩格斯就曾經指出，公平不能決定經濟關係，相反，不同時代的經濟關係決定了公平的標準，「希臘人和羅馬人的公平觀認為奴隸製度是公平的；1789年資產者階級的公平觀則要求廢除被宣布為不公平的封建製度。……所以，公平的觀念不僅是因時因地而變，甚至也因人而異」①。馬克思曾用反問的語氣說：「什麼是『公平的』分配呢？難道資產者不是斷定今天的分

―――――――
① 馬克思，恩格斯. 馬克思恩格斯全集：第18卷［M］. 北京：人民出版社，1964：310.

配是『公平的』嗎？難道它事實上不是在現今的生產方式基礎上唯一『公平的』分配嗎？難道經濟關係是由法權概念來調節，而不是相反地由經濟關係產生出法權關係嗎？難道各種社會主義宗派分子關於『公平的』分配不是有各種極為不同的觀念嗎？」①

另外，公平是個相對的範疇，不存在絕對公平，所以具有相對性。恩格斯曾指出：「在國和國、省和省，甚至地方和地方之間總會有生活條件方面的某種不平等存在，這種不平等可以減少到最低限度，但是永遠不可能完全消除。」②列寧認為絕對的平等並不是公平。他指出：「任何權利都是把同一標準應用在不同的人身上，即應用在事實上各不相同、各不同等的人身上，因而『平等的權利』就是破壞平等，就是不公平。」③

商品經濟或市場經濟體制本身就會產生不公平。商品經濟追求效率，以利潤最大化為目標，按生產要素貢獻參與分配，這樣的生產和分配方式就註定發生不公平。資本主義經濟製度下的私有制決定了資本主義社會必然發生不公平。社會主義經濟雖然是以公有制為主體，但是有多種所有制形式存在，並且同樣存在商品經濟，因而也存在不公平。

二、行業收入分配公平論

（一）收入分配公平論

收入分配可以分成兩個層次：一個是微觀層次，即針對個體的收入分配；另一個是宏觀層次，即整個社會的收入分配。與此相對應的收入分配公平也有兩個層次：一個是從微觀角度出發，研究收入分配過程是

---

① 馬克思，恩格斯. 馬克思恩格斯全集：第 19 卷 [M]. 北京：人民出版社，1963：18-19.
② 馬克思，恩格斯. 馬克思恩格斯全集：第 19 卷 [M]. 北京：人民出版社，1963：8.
③ 列寧. 列寧全集：第 31 卷 [M]. 北京：人民出版社，1985：89.

否公平，比如人們獲取工作機會，付出與收入是否對等；另一個是從宏觀角度出發，研究收入分配結果是否公平，如收入差距是否合理。收入分配的過程不公平一定會導致結果的不公平。

任何收入分配公平都是一種相對公平。如果實行絕對公平，那就抹殺了不同勞動者、不同行業或不同地區本身存在的事實差異，大鍋飯式的平均主義以犧牲經濟效率為代價，最終會導致共同落後、共同貧窮，因此不能一味地追求絕對平均。為了提高經濟效益同時兼顧公平，這就有了收入差距合理的標準——相對公平，這樣既可以激發勞動者的生產積極性，從而提高整個社會的勞動效率，推動生產力水平的進步，又可以兼顧到公平，給予低收入的弱勢群體生活保障，使之享受到各種福利救濟，從而產生社會認同感和安全感。

中國現在處於社會主義初級階段，各地區經濟發展水平不一致，勞動者擁有的生產要素的質量和數量差異很大，且出於宏觀經濟發展的需要，支柱產業、基礎設施優先發展，不同行業發展水平存在差距，這些因素都說明了目前中國收入分配的差距是客觀存在的。在經濟發展的初期階段，這種收入差距也是不可避免的，但是這種差距不能超過一定的「度」，比如國際上公認的基尼系數的安全警戒線0.4。如果基尼系數過大，超過了0.4，就可以視為收入分配的嚴重不公平，對經濟效率和社會公平都會帶來很大影響。因此，我們要辯證客觀地對待收入分配的公平性問題。

(二) 行業收入分配公平論

行業收入分配公平和一般收入分配公平一樣，都包含兩個方面的含義，即過程公平和結果公平。對行業收入分配而言，過程公平也可以稱之為機會公平，也就是指包括資本、勞動力等所有生產資源都可以任意在不同行業間自由平等流動，能夠獲得社會平均報酬率；結果公平是指

不同行業間的收入差距是否合理。因為每個行業自身特點都不同，不同行業的勞動強度、工作環境或者對勞動力的專業技能要求等都不同，這些就決定了行業間的收入必然存在差異。另外，在經濟發展過程中，隨著科技發展、市場需求的變化，各行業的發展水平高低不一，並導致行業收入差距。這樣的行業收入分配結果體現了市場經濟的資源配置功能，但卻不能說一定實現了行業收入分配的公平原則。判斷行業收入公平與否，在微觀上主要看各行業職工的收入是否與其投入或貢獻相一致；在宏觀上主要看這種差距是否超出了一定的「度」，違背了「三個有利於」標準。

三、中國行業收入差距公平性分析

第一，從過程公平來看，行業收入分配存在很大的機會不均等。機會均等主要是指勞動力和資本能夠在行業間自由平等流動，而中國目前的勞動力和資本市場都不能達到這種程度。首先，中國勞動力市場分割嚴重，原因如下：典型二元社會結構以及戶籍製度限制；醫療、養老等社會保障帳戶不能跨地區自由流動，甚至最近的異地戶口不能購房等政策都限制了勞動力的自由流動；壟斷行業為了維護自身利益，設置高行業門檻，排斥行業外人才流入等。其次，中國的資本市場不夠完善，比如壟斷行業因為行政干預，社會民間資本無法進入；中國直接融資市場如債券和股票市場等發展緩慢，融資功能不強；商業銀行仍然在一定程度上受到政府行政干預，因此說資本也沒有達到自由流動的程度。

第二，從結果公平來看，中國行業收入差距既有合理成分也有不合理成分。對於當前一些新興行業而言，其職工的收入相對比較高，且增速快，但這些新興行業往往都是以科學技術、資金密集型為特徵，勞動增加值高，風險大，工作節奏快，強度大。到這些行業就業，先期付出

的成本會比較高，所以，對這些行業的高收入應當予以充分肯定。但對於一些壟斷性行業來說，其職工的高收入中有諸多的不合理成分。這些壟斷行業的高收入更多的是和行業的壟斷程度相關，是壟斷行業憑藉其壟斷地位，通過抬高價格控製市場等手段來獲取的，是以損害消費者的利益為代價的，而不是和職工的素質、勞動付出相關，因此這種高收入顯然是不公平、不合理的。

國內學者宋曉梧認為，在比較成熟的市場經濟國家中，合理的最高行業收入與最低行業收入之間的收入差距應該保持在2~2.5倍，而中國處於社會主義初級階段，經濟還處於初步發展過程中，該行業收入差距應該再低一點才合適。但實際上，觀察前文第三章表3-1中的收入極值比，其中2000年該值為2.63，2003年開始始終維持在4以上。因此，按照宋曉梧的觀點，這種極值比反應的收入差距是不合理的，或者至少說明了中國最高行業收入和最低行業收入差距過大。但這種判斷方法比較簡單粗糙，下文從另外的角度對行業收入差距進行合理性判斷。

第二節　中國合理行業收入差距的判斷模型

一、行業勞動評價指標體系

行業的收入水平受到很多因素影響，從而造成行業收入差距有合理的一面，又有其不合理的一面。行業本身的特徵造成的差異可以認為是合理的，而其他因素造成的差距被看成是不合理的。因此，要建立合理行業收入差距的判斷模型，就要排除外在社會和政府施加的任何有利或者不利條件，單獨從行業自身各方面特徵出發進行分析。通過研究比

較，本文認為影響行業收入水平的因素主要有五種。
(一) 行業職業技能
　　不同的行業需要的職業技能不同，根據對職業技能要求不同可以將勞動分為簡單勞動和複雜勞動。簡單勞動是指不需要任何專業技術特長，普通人依靠其機體就可以完成的勞動；複雜勞動則是指需要一定專業技能才能從事的勞動，而這種技能的獲得需要通過專門的培訓，因而和簡單勞動相比，複雜勞動需要更多的體力和腦力消耗。那麼，對於付出更多體力或腦力勞動消費的行業職工，基於人力資本理論的補償原理，因其職業技能是勞動者在前期放棄收入而獲得的，所以給予的報酬也應當相對較高。反之，技術複雜程度低的行業其勞動者付出較少，因而獲得的行業收入也相對較低。
(二) 行業勞動強度
　　勞動強度是指勞動的繁重程度或緊張程度，表現為在一定時期內勞動者在生產商品或勞務時所消耗的勞動的量。勞動強度可以從主觀和客觀兩方面進行考量。主觀感覺是指勞動者在工作中感覺的緊張性或痛苦性，越感覺緊張痛苦，那麼其勞動強度越大；客觀角度看主要是指工作的繁重程度或工作量密度，單位時間內要求完成的工作量越大，其勞動強度越大。不同的行業根據其特點對勞動強度要求也不盡相同，如果該行業勞動強度高，那麼在相同時間內付出的勞動越多，創造的社會價值越大，因而相應的行業收入也應該越高。
(三) 行業勞動環境
　　勞動環境是勞動者在工作時面臨的外部環境條件，比如工作場所是室內還是室外，是高空作業還是地下作業，工作地點的溫度或濕度如何，是否受粉塵、噪音、毒物等其他有害因素的影響。不同的行業勞動環境差異很大，而單位時間內勞動者在不同勞動環境下工作，其身體消

耗差異很大。社會普遍認同從事環境惡劣、條件艱苦行業的勞動者，其付出的實際消耗遠高於一般行業，可能造成身體機能的某些損耗。因此，對勞動環境惡劣的行業的職工應給予較高工資，以彌補其在工作中受到的損害。

(四) 行業競爭風險

行業競爭風險是指不同行業自身發展以及行業收入兩者的穩定性。某些競爭性小的傳統行業，行業發展前景風險小，收入也較穩定。但一些新興行業，發展前景不夠明朗，各方面風險較大。所以，對於競爭風險性大的行業比如新興行業，雖然投資回報率可能較高，但因為面臨的風險較大，行業收入的不確定性也較大，因而為彌補這類風險其職工工資也應較高；反之，競爭風險小的行業，行業收益率較低，收入穩定性較強，職工工資較低。

(五) 行業勞動責任

各行各業在國民經濟中都承擔著一定的經濟使命和社會責任。由於不同行業在商品生產和交換過程中扮演著不同的角色，不同行業所承擔的平均勞動責任是不同的，有些對人類生存、國家發展和人民生活有重要責任的行業，其職工收入也應較高。所以，行業勞動責任也是分析行業收入時需要考慮的重要因素。

綜上所述，影響行業收入水平的因素主要包括行業職業技能、行業勞動強度、行業勞動環境、行業競爭風險和行業勞動責任。每種因素又可以分為不同層次，各層次對行業勞動收入的影響不同，因此為區別各因素對行業收入的影響，需要對上述五種因素進行層次細分，並通過專家訪談和社會實際調查，制定各因素不同層次相對應的指數，如表 5-1 所示。

表 5-1　　　　　　　　　行業勞動指標層次指數

行業職業技能		行業勞動強度		行業勞動環境		行業競爭風險		行業勞動責任	
基本不要求職業技能	1	勞動強度較低	1	室內勞動	1	競爭性小的行業	1	社會經濟責任相對小	1
需要一定的專業技能	1.6	勞動強度一般	1.8	室外勞動	1.5	競爭性大的傳統行業	1.4	社會經濟責任相對較大	1.5
創造性的職業技能	2.3	勞動強度較高	2.8	野外勞動且環境惡劣	2.1	競爭性大的新興行業	1.7	社會經濟責任相對大	1.8

　　行業職業技能是一個行業對勞動者專業技術能力的要求。根據現實情況和行業特點可以將其劃分為三個層次：第一層次為基本不需要職業技能，層次指數為1；第二層次為需要一定專業技能，層次指數為1.6；第三層次為需要創造性職業技能，層次指數為2.3。

　　行業勞動強度是指勞動者在工作時單位時間內的體力和腦力消耗程度。根據不同行業的自身特點，將其劃分為三個層次：第一層次為勞動強度較低，層次指數為1；第二層次為勞動強度一般，層次指數為1.8；第三層次為勞動強度較高，層次指數為2.8。

　　行業勞動環境根據各個行業職工工作場所的不同，可以分為三個層次：第一層次為室內勞動，層次指數為1；第二層次為室外勞動，層次指數為1.5；第三層次為野外勞動並且環境惡劣對身體具有危害，層次指數為2.1。

　　行業競爭風險根據不同行業在市場經濟中面臨的競爭風險程度進行分類，同樣劃分為三層次：第一層次為競爭性小的行業，層次指數為1；第二層次為競爭性大的傳統行業，層次指數為1.4；第三層次為競爭性大的新興行業，層次指數為1.7。

　　最後一個因素為行業勞動責任，行業所占國內生產總值比例越高，

對社會安定、社會發展影響越大，對國民經濟正常運行影響越大，其社會經濟責任就越大，反之社會經濟責任小。層次指數分別定為 1、1.5、1.8。

二、合理行業收入差距模糊測算模型

上述五個因素對行業收入水平的貢獻程度不同，換句話說，有些因素對行業收入影響比較大，它的層次變化會導致行業收入發生很大變化，而另外一些因素對行業收入影響則不大。根據不同因素的行業收入的貢獻率的差異，給出各個因素的權重比例，並且各因素權重比例之和為 1。根據主成分分析法，按照各因素對行業收入影響的權重大小把五個因素從高到低排序，依次是：行業職業技能、行業勞動強度、行業勞動環境、行業競爭風險和行業勞動責任。根據對現實情況的實際調查，在對大量行業數據進行統計分析和檢驗的基礎上，加上社會實踐經驗判斷，最後確定它們各自的權重分別為 30%、24%、20%、14%、12%。

根據表 5-1 中五個影響因素所對應的不同層次指數，用這些層次指數分別乘以影響因素對應的權重，就可以計算出行業收入差異合理指數的模糊測算模型：

$$V_i = 0.30 \times T_i + 0.24 \times S_i + 0.20 \times E_i + 0.14 \times R_i + 0.12 \times D_i$$

(5-1)

模型中，左側 V_i 為各個行業收入差異的合理指數，等式右側的系數為權重值，變量為各影響因素在不同行業中的層次指數：0.30 為行業職業技能的權重，T_i 為行業職業技能在各行業中的層次指數；0.24 為行業勞動強度的權重，S_i 為行業勞動強度在各行業中的層次指數；0.20 為行業勞動環境的權重，E_i 為勞動環境在各行業中的層次指數；0.14 為行業競爭風險的權重，R_i 為行業競爭風險在各行業中的層次指數；0.12

為行業勞動責任的權重，D_i 為行業勞動責任在各行業中的層次指數。

根據公式（5-1）分別計算中國 19 個不同行業收入差異的合理指數（見表 5-2）。需要注意的是，在給定不同行業的等級系數時，經驗判斷的主觀作用很大，因此這個測度結果有一定模糊性。

表 5-2　　　　　　　中國行業收入差異的合理指數表

行業	勞動技能（30%）	勞動強度（24%）	勞動環境（20%）	職業風險（14%）	勞動責任（12%）	合理指數
農、林、牧、漁業	1	1.8	1.5	1	1.8	1.388
採礦業	1	2.8	2.1	1	1.5	1.712
製造業	1.6	1.8	1	1	1.5	1.432
電力、熱力、燃氣及水生產和供應業	1.6	1.8	1	1	1.8	1.468
建築業	1.6	2.8	1.5	1	1	1.712
批發和零售業	1	1.8	1	1	1.5	1.252
交通運輸、倉儲和郵政業	1.6	1.8	1.5	1	1.5	1.532
住宿和餐飲業	1	1	1	1	1	1.000
訊息傳輸、軟體和訊息技術服務業	2.3	1.8	1	1.7	1.5	1.740
金融業	2.3	1.8	1	1.7	1.5	1.740
房地產業	1.6	1.8	1	1.4	1.5	1.488
租賃和商務服務業	1	1	1	1.4	1.5	1.116
科學研究和技術服務業	2.3	1.8	1.5	1.4	1.5	1.798
水利、環境和公共設施管理業	1.6	1.8	1.5	1	1.5	1.532
居民服務、修理和其他服務業	1.6	1.8	1	1.4	1.5	1.488
教育	1.6	1.8	1	1	1.8	1.468
衛生和社會工作	1.6	1.8	1	1	1.8	1.468
文化、體育和娛樂業	2.3	1.8	1.5	1.4	1	1.738
公共管理、社會保障和社會組織	1.6	1.8	1	1	1.5	1.432

从表 5-2 中可以看出，住宿和餐飲業的指數為 1，可以作為測算行業收入差異合理指數的基準行業，其他指數可以和該行業作比較。通過觀察上表中各行業收入合理指數，可知建築業、金融業、採礦業、科學研究、技術服務和地質勘查業等行業的合理收入較高。

三、模型應用及結果分析

根據中國 2014 年按行業分城鎮單位就業人員的平均工資，同時通過觀察表 5-2 中行業收入合理指數，把住宿和餐飲業作為基數，其實際行業收入指數為 1，然後分別用其他行業平均工資除以住宿和餐飲業的平均工資進而計算出其他各個行業的實際收入指數，然後將該實際指數和表 5-2 中的行業收入差異的合理指數相比較，用實際指數和合理指數之差除以合理指數計算出兩者之間的偏誤（見表 5-3）。

表 5-3　2014 年中國行業間實際收入差異與合理差異的比較

行業	城鎮單位就業人員平均工資（元）	行業收入差異的實際指數	行業收入差異的合理指數	實際指數與合理指數的偏誤（%）
農、林、牧、漁業	28,356	0.761	1.388	-45.18
採礦業	61,677	1.655	1.712	-3.32
製造業	51,369	1.379	1.432	-3.73
電力、熱力、燃氣及水生產和供應業	73,339	1.968	1.468	34.07
建築業	45,804	1.229	1.712	-28.20
批發和零售業	55,838	1.498	1.252	19.68
交通運輸、倉儲和郵政業	63,416	1.702	1.532	11.08
住宿和餐飲業	37,264	1.000	1.000	0.00

表5-3(續)

行業	城鎮單位就業人員平均工資（元）	行業收入差異的實際指數	行業收入差異的合理指數	實際指數與合理指數的偏誤（％）
訊息傳輸、軟體和訊息技術服務業	100,845	2.706	1.740	55.53
金融業	108,273	2.906	1.740	66.99
房地產業	55,568	1.491	1.488	0.21
租賃和商務服務業	67,131	1.801	1.116	61.42
科學研究和技術服務業	82,259	2.207	1.798	22.77
水利、環境和公共設施管理業	39,198	1.052	1.532	−31.34
居民服務、修理和其他服務業	41,882	1.124	1.488	−24.47
教育	56,580	1.518	1.468	3.43
衛生和社會工作	63,267	1.698	1.468	15.65
文化、體育和娛樂業	64,375	1.728	1.738	−0.60
公共管理、社會保障和社會組織	53,110	1.425	1.432	−0.47

從表5-3中，我們可以得到以下結論：

（1）行業收入差異的實際指數接近於合理指數的行業有：房地產業，公共管理、社會保障和社會組織，文化、體育和娛樂業，採礦業，教育，製造業。其中房地產業與合理指數之間的偏誤只有0.21％，公共管理、社會保障和社會組織的實際指數與合理指數之間偏誤次之，只有−0.47％。

（2）行業收入差異的實際指數明顯低於合理指數的行業有：農、林、牧、漁業，建築業，水利、環境和公共設施管理業，居民服務、修理和其他服務業。其中偏低最多的行業是農、林、牧、漁業，其實際指

數為0.761，合理指數為1.388，實際指數比合理指數低45.18%。在中國，農業生產技術落後、農業勞動力人口眾多，再加上過去「農村支援城市」的政策主張，導致中國農業平均工資水平嚴重偏低；另外大量剩餘農村勞動力轉移到城市建築業中，從事簡單的體力勞動，所得工資和該行業的勞動強度及惡劣的工作環境不符。因此，對於這些低於合理指數的行業，政府應採取各種有效措施提高其行業職工工資水平。

（3）行業收入差異的實際指數明顯高於合理指數的行業：金融業，租賃和商務服務業，信息傳輸、軟件和信息技術服務業，電力、熱力、燃氣及水生產和供應業，科學研究和技術服務業等。其中差距最大的行業是金融業，收入差異的實際指數比合理指數高66.99%；租賃和商務服務業比合理指數高61.42%，信息傳輸、軟件和信息技術服務業的收入差異實際指數高出合理指數55.53%；電力、熱力、燃氣及水生產和供應業高出合理指數34.07%；科學研究和技術服務業高出實際指數22.77%。以上這些行業中，金融業、電力、熱力、燃氣及水生產和供應業屬於高度壟斷性行業，其實際收入遠遠高出合理收入。而信息傳輸、軟件和信息技術服務業和科學研究和技術服務業則是近年來中國發展迅速的新興行業，其職業技術要求較高、競爭力強、生產的產品附加值高，同時也享受政府一定的優惠政策，從而該類行業的收入水平高於其合理指數。

第三節　合理行業收入差距的其他標準

一、合理收入差距的經濟增長標準

上述標準是從平等原則出發，根據行業本身特點不同而制定的合理

收入差距標準，注重收入分配結果的均等化。而從另外不同的價值判斷標準出發也會得出不同的判斷結果，下面就從經濟增長標準的角度進行分析。

所謂收入差距合理性的經濟增長標準是指這種收入差距是否有利於經濟增長，在多大程度上對經濟增長產生了積極的影響，或者又是從多大程度上對經濟增長產生了負面的影響，其特點是把收入分配和經濟增長相互聯繫起來，從兩者之間的關係入手進行分析，把經濟增長中的效率標準和收入分配當中的公平標準結合起來考慮。進一步說，就是在依照效率原則進行生產和分配的過程當中，如果「效率優先」引起了收入差距並且影響了經濟自身的正常增長，那麼我們就可以認為這種收入差距是不合理的，應予以措施縮小收入差距；反之，雖然存在一定程度的收入差距，但是這種差距反而刺激了低收入者，提高了他們的工作積極性，這樣的差距有利於經濟增長，或者說，儘管收入差距也造成了負面作用，但是其正面效應大於其負面效應，對經濟增長總體是有利的，那麼我們認為這種收入差距便是合理的。另外，有時候從公平的角度看，收入差距是非常合理的，但從經濟增長的角度看，結果則恰好相反，認為收入差距不合理。比如收入差距過小，或者其極端情況即平均分配，就嚴重損害了勞動者的生產積極性，抑制了經濟效率，不利於經濟增長。因此說這種收入差距也是不合理的，為了刺激經濟增長，反而應該適當擴大過小的收入差距。本書第七章第一節中研究行業收入差距和經濟增長之間的關係，發現當行業收入差距指標泰爾指數達到 0.08 時，經濟增長會達到極值點，也即是說，當泰爾指數大於該數值時，行業收入差距對經濟增長將產生負面效應。

因此，從不同的價值判斷標準出發，對於相同的收入差距情況，可能會得到不一樣的合理性的判斷結果，所以在實際進行合理性判定時，

不僅要從「公平」的角度出發，也要考慮其對經濟增長的影響，或者說對於不同國家的不同經濟發展階段，要有選擇性地採取不同的判斷標準。

二、合理收入差距的社會穩定標準

收入差距過大，不僅可能導致經濟增長速度下降，還會影響社會穩定。

首先，收入差距過大會導致中國低收入群體心理失衡，影響個體行為，進而影響社會穩定。一個社會要保持穩定，其首要前提是社會成員的身心和諧。如果收入差距過大，低收入群體便會產生嚴重的「相對剝奪感」。「相對剝奪感」是研究群體行為的一種理論，是社會成員一種不平衡的心理感受。這種心理感受主要來自於社會成員對自身利益損失的一種判斷和評價，是進行社會比較的結果。當個體或群體將自己的處境或現狀與其作為參照物的其他人進行比較，發現自己處於劣勢或有權擁有卻並不擁有，便會產生「相對剝奪感」。實際生活中，收入差距過大是導致產生「相對剝奪感」的一個重要原因，並且收入差距和「相對剝奪感」呈正相關關係。伴隨著收入差距的擴大，社會底層人群的「相對剝奪感」也會越來越強烈。如果收入差距過大，超過了低收入人群的心理承受能力，在利益的驅動下，就會發生一些極端事件，影響社會穩定。

其次，收入差距過大引發高、低收入階層之間利益衝突加劇，影響和諧社會建設。一個國家的收入差距擴大會引起社會結構類型的變化。如果收入差距過大，甚至形成了非常明顯的收入兩極分化情況，即社會中存在高收入和低收入兩大群體，中間收入階層人群很少，這種明顯高低兩層的社會結構對社會穩定性影響很大。處於這種社會結構頂端的是

擁有高額財富的社會強勢群體，包括行政管理人員和各行業高級精英，能夠享受經濟社會的各種便利，而對應的另一端則是人口非常龐大的處於社會底層的弱勢群體，包括大多數農民、農民工、城市低收入者、失業人員等。弱勢人群因為收入低且無法保證收入來源，再加上社會保障製度不完善，會產生很大的生存危機和不安全感。而富裕階層人群中又確實有一部分人通過不正當手段得到非法高收入。這樣容易滋生貧困階層對富裕階層的仇視心理，導致貧富之間的利益衝突，引起兩個階層對立或通過非法手段來謀取利益，這些都會嚴重影響一個國家的社會穩定。

因此，對於收入差距合理的判斷標準，還可以從其對社會穩定影響的方面來看。如果收入差距導致社會中大量利益衝突事件發生，普通大眾都有很強的被剝奪感，社會經濟犯罪率上升，那麼就認為目前的收入差距過大，應當採取措施來予以緩解。

第四節　本章小結

本章首先分析了一般「公平」論和行業收入分配公平論，認為由於行業自身特點的不同，行業收入差異的存在不可避免，但是行業收入差距中有合理的部分，也有不合理的部分。判斷行業收入公平與否，在微觀上主要看各行業職工的收入是否與其投入或貢獻相一致。

然後本研究利用影響行業收入水平的五個因素建立了行業收入差異合理指數的一個模糊測評模型 $V_i = 0.30 \times T_i + 0.24 \times S_i + 0.20 \times E_i + 0.14 \times R_i + 0.12 \times D_i$。經過比較發現，2014 年中國壟斷性行業和資金技術密集型行業的平均工資高於其合理水平，其中金融業收入差異的實

際指數比合理指數高 66.99%；而勞動密集型行業如農林牧漁業、建築業等行業收入低於其合理水平，其中農林牧漁業收入差異的實際指數比合理指數低 45.18%。

最後，除了這個標準外，本研究還簡單分析了合理收入差距的經濟增長和社會穩定標準。

第六章　中國行業收入差距的形成機理分析

第一節　中國行業收入差距影響因素的理論分析

一、行業壟斷

　　中國行業收入差距擴大的一個突出表現就是壟斷性行業與非壟斷性行業之間的差距擴大。2014年中國城鎮單位就業人員收入較高的行業主要有金融業，信息傳輸、軟件和信息技術服務業，科學研究和技術服務業以及電力、熱力、燃氣及水生產和供應業等，這些行業都屬於壟斷性行業，有些是經濟壟斷，有些屬於行政壟斷。而收入較低的行業如農、林、牧、漁業，住宿和餐飲業等都屬於競爭性行業。在近些年中，始終是壟斷性行業的收入遙遙領先，從2003年開始，最高行業和最低行業收入極值比始終保持在3.8以上，如果再考慮到壟斷性行業工資外的各種福利補助、年終獎和物質獎勵等，壟斷性行業和非壟斷性行業的收入差距將會更大。

　　壟斷根據其成因不同可以分為三種類型：自然壟斷、經濟壟斷和行政壟斷。自然壟斷是從規模經濟的角度研究的，主要是指因為自然資源的集中無法形成競爭或者不適應競爭形成的壟斷。經濟壟斷是指在市場

競爭領域，少數企業濫用經濟力優勢（包括聯合優勢）支配市場，阻礙其他競爭者進入該行業。而行政壟斷則是指各級政府、職能部門或具有政府職能的行政性公司憑藉其行政權力排斥、限制競爭的行為或狀態。相較於自然壟斷和經濟壟斷，行政壟斷具有強制執行力和永久性，不可能通過市場本身被消除，其危害程度最大。在市場經濟中，自然壟斷和經濟壟斷是符合市場規律的，各個企業追逐利潤最大化，競爭激烈，優勝劣汰，必然會出現經濟壟斷，任何國家不能避免，中國也不例外。而中國壟斷性行業的高收入主要是由經濟體制轉型時期形成的行政壟斷造成的。

二、行業人力資本差異

除了集中壟斷視角研究以外，現在也有越來越多的學者從人力資本角度出發來研究行業收入差距。國外學者如以明塞爾、貝克爾等為代表的人力資本經濟學家已經提出了一系列以人力資本為基礎的收入分配理論，這些成熟的理論為後來的研究提供了必要的理論前提。所謂人力資本是指通過教育投資形成並凝結在勞動者身上的技能、學識、健康狀況和水平的總和，這可以在勞動時物化於商品和服務，勞動者以此獲得勞動報酬。

人力資本的概念範圍很廣，可以從不同角度來研究其對行業工資的效應。本研究主要分析人力資本投資和人力資本的內、外部性的影響。人力資本投資主要基於斯密的補償性原理，即對每個人而言，因為在當期進行了人力資本投資，減少了當期的收入，因此為了補償當期的損失，要增加未來時期的預期收入。當然，因為每個人生活環境不同、經歷和社會經驗不同，因此對人力資本投資的認識存在很大差異，不同的人力資本投資行為引起了人們的收入狀況差異。此外，還可以從人力資

本的內、外部性來進行研究，該研究理論是由盧卡斯於 1988 年提出的，他認為人力資本的效應可以分為內部性和外部性兩方面。人力資本的內部效應是指個人的人力資本可以提高自身的生產效應和收益，而外部效應是一個團隊當中成員之間相互良性競爭或相互學習，幫助提高團隊的效率。這種團體互動主要基於激勵機制：首先，團隊中的成員相互學習，分享知識技能，在合作中共同提高；其次，團隊中成員的相互競爭會促使成員抓緊一切機會來提高自身的專業能力和生產效率，人力資本越高的團隊，競爭就越激勵，從而形成的外部效應就越高。人力資本的外部效應主要通過團隊內的互動實現，因此人力資本水平相當的勞動力更容易集中在一起。人力資本低的勞動力因技術水平受限，主要從事傳統的勞動密集型行業，從補償原理的角度出發，因為人力資本投資付出較少，因此回報也相對較低；從人力資本的內部效應出發，個人人力資本低，因此生產效率和收益也相對較低；與此同時，競爭不夠激烈，外部效應較低，所以以上因素都可以說明人力資本水平低的勞動者其報酬也較低。反之，人力資本高的勞動力越容易流向資本技術密集型和新興的對職業技術能力要求較高的行業，這樣，高人力資本提高了該行業的生產效率，同時因為競爭激烈，外部效應大，進一步提高了生產效率，在此基礎上支付給職工的工資也較高。這樣一來，人力資本水平低的勞動力流向低收入行業，人力資本水平高的勞動力流向高收入行業，行業之間的收入差距便因此產生。

影響人力資本水平的因素有很多，比如勞動者的身體健康狀況、勞動者的從業年限和專業技術水平等。但是在科學技術飛速發展的今天，受教育水平是影響人力資本水平的最重要因素。因此，受教育程度高的勞動力一般都從事高收入行業，受教育程度低的勞動力從事低收入行業。通過觀察中國不同行業的從業人員的受教育水平，可以看出近幾年

高收入行業的平均受教育年限為13、14年，而低收入行業為8、9年，恰好說明了人力資本水平差異導致了行業收入差異。

三、市場機制

在傳統的計劃經濟體制下，各行業的生產規模和產量直接由國家制定，國家實行統購統銷，企業生產利潤全部上繳國家。當時收入分配政策實行的是大鍋飯式的平均主義政策，工資水平由國家制定，各行業差距很小，行業內部管理層和普通員工之間的收入差距也很小。但是事實證明這種收入分配政策不利於激勵勞動者的生產積極性，反而滋生了惰性，導致生產效率不高。1992年中國明確了市場經濟體制的改革目標，多種所有制企業共同發展，國有企業也逐步脫離政府的直接管轄，開始自主經營，產品價格根據市場需求和供給來決定，勞動者的工資報酬根據勞動力市場自行確定，這樣大幅度提高了工作效率，經濟水平得到快速發展，社會大眾普遍感受到了市場經濟體制給生活帶來的巨大改變。

儘管市場經濟體制促進了中國經濟的高速發展，提高了人民的物質生活水平，但是不能否認的是，它也給我們社會帶來了很多負面影響，逐步擴大的行業收入差距就是其一。在現實的社會經濟中，不可能實現各行業利潤均等的完全競爭市場，這就意味著基於各行業生產效率的行業工資不可能相同。而壟斷競爭市場或壟斷市場等市場結構不同，相應的生產效率和利潤也不相同，致使產生行業間的收入差距。即使各行業的初始發展水平相同，隨著社會經濟的發展和科學技術的變革，經過一段時間後，行業的生產效益也會產生差異，從而引起行業職工收入產生差異。

另外，從1992年到現在，中國市場經濟只經歷了二十多年的發展歷程，市場發育還不完善。一方面，中國勞動力市場仍然處於分割狀態，沒有實現勞動力在不同市場中的自由流動，導致工資無法實現市場

化，難以實現各行業工資率平均化，致使行業收入差距產生；另一方面，中國的資本市場還不完善，資本無法在各行業間自由流動，從而難以達到資源的最優化配置，尤其是壟斷性行業限制社會資本流入，獲得了高額壟斷利潤，這也導致了行業收入差距的擴大。

四、行業差異和產業結構調整

每個行業都有自身不同的行業特點，其勞動強度、工作環境、職業技術要求、職業風險還有社會責任都不盡相同，這些行業的不同特點必然導致各行業存在一定程度的收入差距，但這種差距需要在合理範圍內。同時，又因為各行業的發展基礎和人力資本存在差異，面臨的市場機遇和國家政策等不同，致使各行業發展不可能呈現齊頭並進的局面，因此必然導致不同的行業工資差異很大。例如信息傳輸、計算機服務和軟件業等新興行業，由於其產品新穎、附加值高，受到市場追捧，經濟效益好，因此該行業的職工平均工資較高；而像住宿和餐飲業、製造業等傳統行業，產品附加值低，且市場已近飽和，行業整體效益不高，致使該行業職工平均工資較低。行業自身的差異引起了行業收入水平的差異，但這種差異有其積極的一面，合理的差異引發競爭，有利於提高社會的生產效率。中國行業中如農、林、牧、漁業，批發零售業，製造業等行業，因為內部競爭性強，行業內的各種資源得到了更優的配置，同時促使該行業內部平均利潤率降低、職工工資平均化。通過觀察近些年各行業職工平均工資，發現競爭性強的傳統行業的收入水平普遍較低，且增速緩慢；而壟斷性行業或新興行業的收入水平普遍較高，且增速較大。因此，行業自身差異也是造成行業收入差異的一個重要原因。

另外，產業結構調整也必然會導致行業收入差距。在產業結構調整和升級的過程當中，因為面臨不同的市場需求、不同的市場競爭和不同

的勞動生產率，每個行業的生產效率和收益都會發生很大差異，這種差異又引發行業職工增長率的差異，最終形成行業收入差距。目前中國正處於產業結構優化升級的過程當中，三次產業協調發展，工業發展基本穩定、服務業產值比重迅速上升。特別是服務業當中的一些新興行業發展勢頭更是迅猛，相應地，這些行業從業人員收入水平也得到了較快的提高。在這個階段內，因為各產業勞動生產率及報酬率存在很大差異，造成農業同工業和服務業之間的收入差距不斷擴大。

具體來說，在產業結構升級過程中，資本、技術密集型的行業得到快速發展，對勞動者的素質要求越來越高，但在勞動力市場上該類勞動者供小於求，因此從業者的收入水平大幅上升。而傳統的勞動密集型行業主要吸納的是受教育程度和文化素質較低的勞動者，這部分勞動力市場供應充足，因此這類勞動者收入水平相對較低。此外，伴隨產業結構的調整，出於國家宏觀經濟或者可持續發展的需要，國家對部分行業的發展給予了大力支持，這些行業或者享受到了減稅、免稅或退稅等優惠政策，或者得到了無償的資金和技術支持，使得這些行業得到了較快發展，相應收入水平也會提高。

因此，產業結構的調整和升級，不可避免地引起了行業間的收入差距。高新技術行業、朝陽行業的工資水平得到快速提高，勞動密集型行業、夕陽行業的工資水平相對較低。收入分配的這種變化在產業結構調整的背景下是一種正常現象，新興、技術密集型行業的收入水平也會在很長一段時間裡繼續領先於傳統勞動密集型行業的收入水平。

五、其他相關因素

除了上面提到的影響行業收入差距的幾大因素以外，還有很多其他因素也會對行業收入差距產生影響。

首先，行業勞動生產率是決定行業平均工資的重要因素。不同行業，因為其技術水平和生產方式的差異，使得行業勞動生產率高低差異很大。鄧小平說「科學技術是第一生產力」，科學技術越是發達，越是被廣泛地運用於具體的生產過程，勞動生產率也就越高；勞動者的平均熟練程度和職業技能越高，勞動生產率就越高；生產過程中勞動者的分工、協作和勞動組合越有效率，行業平均工資就會越高。不同的勞動生產率造成了不同的行業收益率，從而導致不同的行業報酬率。

其次，隨著經濟對外開放程度的深入發展，外商對中國直接投資數額擴大，外資的使用對行業的生產管理和經濟效率產生了積極的影響。相對而言，外資的注入有利於提高企業的日常經營管理水平，提高企業的勞動生產率，很大程度上擴大了利潤空間，因此，外商投資占比較高的行業其生產效率相對較高。另外，在同一行業，政府給外資企業的待遇在一般情況下優於本土企業，因此，行業的外商直接投資參與度對行業的工資水平有很大影響。

最後，行業的資本密集度和行業就業規模都會對行業工資水平有很大影響。一般情況下，資本密集度越高的行業，行業收益率越高，因此行業收入相應較高。而行業就業規模體現了不同行業的發展成熟度和對勞動力的吸引程度，行業成熟度越高，對職工的吸引力越高，行業的收入相對較高。

第二節　中國行業收入差距的實證分析

上一節中，我們對影響行業收入差距的因素進行了比較全面的理論詮釋。本節從實證的角度建立中國行業收入差距的面板模型，對各種指

標的顯著性和影響程度進行分析，為後文中縮小行業收入差距的政策建議提供依據。

一、變量選擇和研究方法

根據上一節的分析，我們有針對性地選擇被解釋變量和解釋變量。對於被解釋變量的行業收入差距，我們直接選用統計年鑑中不同行業的平均工資來體現。對於行業收入差距影響因素的解釋變量，行業壟斷指標較多，如行業內國有單位人數/行業總職工人數、行業內國有企業人均投資額/行業人均投資額等指標，經過比較分析，本文選用了表6-1中的國有控股投資額/行業總投資額來體現不同行業的壟斷程度。人力資本水平差異用各行業平均受教育年限來確定，原始數據來源於歷年的《中國勞動統計年鑑》。行業勞動生產率用人均行業產值來表示，人均固定資產投資和人均外商直接投資分別表示行業的資本密集度和行業的FDI（外商直接投資）參與度，行業就業規模大小用各行業的就業人數除以全部行業就業人數得到，以上數據均由歷年《中國統計年鑑》中的原始數據計算而得，其相應理論依據和說明詳見表6-1。

表 6-1　　　　　　　　　　變量描述

變量		理論依據及說明	代表性指標
被解釋變量	行業收入差距	行業平均工資的差異體現了行業收入差距	y：直接由統計年鑑資料獲取的各行業平均工資水平作為指標

表6-1(續)

變量		理論依據及說明	代表性指標
解釋變量	行業壟斷	反應國有經濟的參與程度，用行業國有經濟的控制度或行業中國有資本的集中程度表示。行業壟斷水平越高，行業職工收入越高	x_1：行業壟斷程度＝國有控股投資額/行業總投資額
	行業人力資本水平	根據人均受教育年限法計算反應行業從業人員的能力。行業人力資本水平越高，其行業收入水平越高	x_2：平均受教育年限＝(Σ某行業各受教育年數的職工人數×相應年限)/該行業總職工人數
	行業勞動生產率	反應的是行業從業人員的年平均生產效率，用行業從業人員平均每年創造的產業增加值來度量	x_3：行業勞動生產率＝行業的產業增加值/行業就業人數
	行業的資本密集度	產業結構調整，促進了行業收入差距擴大，資本密集型行業收入水平較高	x_4：資本密集度＝各行業固定資產投資/行業就業人數
	行業FDI參與程度	外商直接投資對行業的生產效率和工資水平有很大影響	x_5：人均外商直接投資＝行業外商總投資/行業就業人數
	行業就業規模	反應了行業的發展成熟度和不同行業的平均發展規模	x_6：行業就業規模＝各行業就業人數/全部行業就業人數

註：人力資本計算中受教育程度的不同年限：未上過學為0年，小學為6年，初中為9年，高中為12年，專科為15年，本科為16年，研究生及以上為19年.

因為受限於數據來源，鑒於各變量數據一致性和完整性的要求，我們選取2004—2010年的數據來進行實證分析。因時序數據較少，為保證實證結果的穩健性和有效性，本文選用面板模型來進行分析，以國家統計局劃分的19個行業來採集橫截面數據，同時，為降低模型的異方差性，對原始數據求對數後再建立模型進行參數估計。

選用面板數據主要有以下原因：首先，面板數據是同時在時間和截面空間上取得的二維數據，利用了更多數據的信息，大大提高了自由度和有效性，能得到更可靠穩健的參數估計量，估計更為精確複雜的行為方程；其次，面板數據能更好地檢測和度量出單獨使用橫截面數據或時間序列數據無法檢測到的影響；最後，面板數據能更好地研究問題的動態變化特徵。

面板數據模型的具體形式為：

$$y_{it} = \alpha_{it} + \beta_{1it}tx_{1it} + \beta_{2it}x_{2it} + \cdots + \beta_{kit}tx_{kit} + u_{it} \quad (6-1)$$
$$i = 1, 2, \cdots, N \quad t = 1, 2, \cdots, T$$

其中，y_{it} 是被解釋變量，x_{1it}，$\cdots$，x_{kit} 是 k 個解釋變量，N 是橫截面個體成員的個數，T 表示每個截面成員的樣本觀測時期數，參數 α_{it} 表示面板數據模型的截距項，β_{1it}，$\cdots$，β_{kit} 表示對應於 k 個解釋變量的系數。

就本文行業收入差距的研究而言，為了降低各種變量值的非平穩性，對所有變量進行對數化處理，模型的形式為：

$$\ln y_{it} = \alpha_{it} + \beta_{1it}\ln x_{1it} + \beta_{2it}\ln x_{2it} + \beta_{3it}\ln x_{3it} + \beta_{4it}\ln x_{4it} + \beta_{5it}\ln x_{5it} + \beta_{6it}x_{6it}$$
$$+ u_{it} \quad (6-2)$$

其中，y，x_1，$\cdots$，x_6 分別為表 6-1 中的各種代表性指標，$i = 1, 2, \cdots, 19$ 分別表示中國 19 個行業門類的個體橫截面維度，$t = 1, 2, \cdots, 7$ 分別代表 2004—2010 年的時間序列維度。

根據對截距項和解釋變量的不同限制，可以將面板數據模型（6-2）分為三種類型。因為模型（6-2）中解釋變量共有六個，而可供使用的時間序列數據只有 7 年，考慮到自由度的問題，選用的變系數模型假定截面數據滿足空間上的一致性。也就是說，模型中各斜率項只隨著時間維度而變化，不隨空間的不同而不同。模型可以表示為：

$$\ln y_{it} = \alpha_t + \beta_{1t}\ln x_{1it} + \beta_{2t}\ln x_{2it} + \beta_{3t}\ln x_{3i} + \beta_{4t}\ln x_{4it} + \beta_{5t}\ln x_{5it} + \beta_{6t}x_{6it} + u_{it}$$

$$(6-3)$$

模型中的截面個體成員上截距項 α_t 和解釋變量系數 β_{1t}, $\cdots$, β_{6t} 隨著時間的不同在改變，即假定在時序單元上既存在個體影響又存在結構系數變化。所以稱模型（6-3）為變系數模型。

如果再假設模型（6-3）中各解釋變量系數 β_1, $\cdots$, β_6 不隨時間變化但截面個體成員截距項 α_t 不同，則得到：

$$\ln y_{it} = \alpha_t + \beta_1 \ln x_{1it} + \beta_2 \ln x_{2it} + \beta_3 \ln x_{3it} + \beta_4 \ln x_{4it} + \beta_5 \ln x_{5it} + \beta_6 x_{6it} + u_{it}$$

$$(6-4)$$

即潛變量對行業收入差異的影響只反應在截面個體成員截距項的不同取值上，因而稱模型（6-4）為變截距模型。

如果再假設模型（6-4）中截距項和斜率項都是常數，則得到：

$$\ln y_{it} = \alpha + \beta_1 \ln x_{1it} + \beta_2 \ln x_{2it} + \beta_3 \ln x_{3it} + \beta_4 \ln x_{4it} + \beta_5 \ln x_{5it} + \beta_6 x_{6it} + u_{it}$$

$$(6-5)$$

即模型中被忽略的潛變量（包括時間維度因素和各行業個體因素）對截距和斜率都不產生影響，即個體成員既無個體影響，也無結構變化。這樣實際上相當於將時間序列為 T 年的 N 個橫截面數據融合成一個「混合樣本」（樣本容量為 NT），因而稱模型（6-5）為混合迴歸模型。

因此，在對面板數據模型進行分析時，存在模型識別問題，即要選擇模型是變系數模型、變截距模型還是混合迴歸模型。

二、行業收入差距的實證分析

在建立面板模型時，首先要區分該模型為固定效應模型還是隨機效應模型。在用 Eviews 進行估計時可以利用 Hausman 檢驗進行區分，該方法由 Hausman（1978）提出，主要是對同一參數的兩個估計量差異的顯著性進行檢驗。Hausman 檢驗原假設為個體效應與迴歸變量無關，即

隨機效應模型，備擇假設為固定效應模型，然後對標準化後的指標數據進行檢驗，檢驗結果見表6-2。

表6-2　　　　　　　　　　Hausman 檢驗結果

Hausman 檢驗	卡方檢驗值	自由度	顯著性水平
	168.549,7	6	0.000,0

由於卡方統計量對應的顯著性水平 P＝0.000,0＜0.05，所以拒絕隨機效應模型原假設，認為該模型為固定效應模型。

在確定該模型為固定效應模型後，接著區分模型形式為變系數模型、變截距模型還是混合迴歸模型。對於面板模型而言，正確設定模型形式非常重要，否則估計結果將會產生較大誤差。在實際進行分析時，如果只考慮模型在截面個體成員（或時間維度）上存有差異，且該模型判定為固定效應模型時，可以採用 F 檢驗來識別模型的具體形式。

首先設定兩個原假設：

H_1：模型（6-4）成立的情況下，模型形式應該為變截距模型。

H_2：模型（6-5）成立的情況下，模型形式應該為混合迴歸模型。

模型形式檢驗如下兩個 F 統計量：

$$F_2 = \frac{(S_3 - S_1)/[(T-1)(k+1)]}{S_1/[(N-k-1)T]} \sim F[(T-1)(k+1), T(N-k-1)]$$

(6-6)

$$F_1 = \frac{(S_2 - S_1)/[(T-1)k]}{S_1/[(N-k-1)T]} \sim F[(T-1)k, T(N-k-1)]$$

(6-7)

其中，T 是時間維度時期數，本文中為 7；N 是截面個體成員個數，本文為 19；k 是除常數項以外解釋變量的個數，本文為 6；S_1、S_2、S_3 分

別是模型（6-3）、模型（6-4）、模型（6-5）的迴歸殘差平方和。在原假設 H_2、H_1 成立的條件下，檢驗統計量 F_2、F_1 分別服從其對應的自由度的 F 分布。

檢驗模型具體形式的主要過程如下：首先利用 F_2 統計量來判斷模型是混合迴歸模型還是變截距模型。如果 F_2 小於給定臨界值，則接收原假設 H_2，認為模型中的參數與截面個體成員的變化沒有關係，認為模型為混合迴歸模型，選用公式（6-5）估計模型；否則繼續利用 F_1 統計量檢驗 H_1，判斷模型為變截距還是變系數模型。如果 F_1 小於給定臨界值，則接收原假設 H_1，認為模型為變截距模型，用公式（6-4）估計模型；若 F_1 大於臨界值，則拒絕原假設 H_1，認為模型為變系數模型，用公式（6-3）估計模型。

本文利用 Eviews7.2 軟件可以直接計算出變系數、變截距和混合模型各自的殘差平方和，進而按照公式（6-6）和（6-7）分別求出 F_1、F_2 統計量。

$N = 19$　　　　　　$k = 6$　　　　　　$T = 7$

$(T - 1)(k + 1) = 42$　$(T - 1)k = 36$　$T(N - k - 1) = 84$

$S_1 = 2.231,304$　　　$S_2 = 2.535,825$　　$S_3 = 6.874,539$

求出 $F_2 = 4.161,903$、$F_1 = 0.318,446$。取顯著性水平為 0.05 時，臨界值 $F(42, 84) = 1.529,201$，$F(36, 84) = 1.557,422$。根據上面的模型形式驗證過程，我們可以看出該模型形式應為變截距模型，為了減少截面數據造成的異方差的影響，我們採用加權最小二乘法進行估計，估計結果如表 6-3 所示。

表 6-3　　　　　　　行業收入差距時點固定效應模型

變量	系數	T 統計量	P 值
c	4.913,584	24.351,050	0.000,0
x_1	0.137,199	5.913,210	0.000,0
x_2	1.928,710	25.945,570	0.000,0
x_3	0.172,427	8.122,101	0.000,0
x_4	−0.032,380	−3.738,895	0.000,3
x_5	0.036,016	7.441,538	0.000,0
x_6	0.026,672	2.700,744	0.008,4
Fixed Effects（Period）			
2004--C		−0.230,605	
2005--C		−0.139,166	
2006--C		−0.044,937	
2007--C		0.091,610	
2009--C		0.314,256	
Weighted Statistics			
Adjusted R-squared		0.999,789	
S. D. dependent var		10.070,19	
F-statistic		44,584.76	
Durbin-Watson stat		1.053,856	
Prob（F-statistic）		0.000,000	

模型的估計結果如下：

LOG（Y?）= PER_ EFFECT + 4.91 + 0.14×LOG（X1?）+ 1.93×LOG（X2?）+ 0.17×LOG（X3?）− 0.03×LOG（X4?）+ 0.04×LOG（X5?）+ 0.03×LOG（X6?）+ e_i　　　　　　　　(6-8)

PER_ EFFECT = −0.23×@ ISPERIOD（"2004"）−0.14×@ ISPERI-

OD（"2005"）-0.04×@ ISPERIOD（"2006"）+ 0.09×@ ISPERIOD（"2007"）+ 0.31×@ ISPERIOD（"2009"） (6-9)

從表6-3中可以看出，模型擬合優度較好，各解釋變量的系數在顯著性水平為5%的條件下均顯著，也就是說這六個解釋變量都對行業工資水平產生重要影響。此外，可以看出除了行業的資本密集度外，其他解釋變量均和行業平均工資水平正相關。換句話說，隨著這些解釋變量的提高，行業的平均工資水平也會顯著提高。其中，行業人力資本水平、行業壟斷、行業勞動生產率的變動對行業平均收入影響較大。反應行業人力資本水平的勞動力受教育年限每提高1%，行業就業人員平均工資水平將提高1.93%；行業勞動生產率每上升1%，行業就業人員平均工資水平將上升0.17%；行業壟斷即國有控股投資額占行業總投資額比例提高1%時，該行業平均工資水平會提高0.14%。這樣的實證結果和我們的理論認知是比較統一的。另外，行業FDI參與度和行業平均規模對行業平均工資也產生正向效應，當行業人均外商直接投資提高1%時，行業平均工資水平將提高0.04%。應當注意的是，實證結果中行業資本密集度對行業平均工資的影響為負值，這和理論不符合。一般情況下，我們認為，資本密集度高的行業，其平均收入要高於勞動密集度高的行業，而且在產業結構調整和升級的過程中，這點已經得到證實。經過分析，出現這種結果的原因如下：對於資本密集度這個解釋變量，選擇的代表性指標是各行業固定資產投資/行業就業人數即行業人均固定資產投資，然後對各行業和對應的人均固定資產投資數據作比較，發現如金融業這類資本密集度高的行業，因為固定資產投資少（很多是租用辦公場地），結果人均固定資產投資為所有行業最低值，而建築業因為其行業的特殊性（主要業務就是固定資產建設），人均固定資產投資遠遠高於其他行業。因此可以看出，儘管人均固定資產投資經常被用來代

表資本密集度，但是在行業門類這一板塊缺乏說服力，在以後的研究中應尋找更適用的指標來表示行業的資本密集度。

三、模型的啟示

上述實證分析的估計結果對於我們應採取何種措施來降低行業收入差距有重要啟示：

首先，上述估計結果顯示行業壟斷是影響中國行業收入差距的一個重要因素。行業壟斷水平越高，該行業的平均工資水平越高，導致它和其他行業收入差距拉大。行業壟斷特別是行政壟斷造成的行業收入差距，會嚴重影響社會公平和經濟效率，甚至帶來社會矛盾衝突。因此，我們必須高度重視行業壟斷帶來的負面影響，努力降低因壟斷造成的過大的行業收入差距。

其次，行業間人力資本水平差異是影響中國行業收入差距的另一個重要因素，這也符合相關的人力資本理論模型。現在是知識經濟時代，行業的收入水平和行業人力資本水平呈正相關關係；同時人力資本不同的行業，其員工擁有的人力資本投資機會也不相同，因而導致了行業收入差距加大。但是和行業壟斷相比，我們認為人力資本水平差距引起的不同行業間工資水平的差異是較為合理的。當然，如果這種差距過大，同樣會導致行業收入差距過大，並且對經濟或社會穩定帶來很大的負面效應，因而也不能忽視不同行業間的人力資本差異；另外，為提高整體社會經濟效益，也應採取措施提高低收入行業的人力資本水平。因此，政府各級部門應進一步增加人力資本投資，尤其是加強在職教育和繼續教育，提高勞動力的整體素質，縮小不同行業間的人力資本水平差異。

最後，勞動生產率的差異和外商直接投資的差異也是行業間收入產生差距的重要原因。科學技術水平不同、企業生產過程中的生產質量管

理和績效管理的差異，造成了不同行業間勞動生產率的巨大差異。另外，外商直接投資有利於提高行業生產效率和管理水平，因而人均外商直接投資較高的行業，其收入水平也相應較高。這種差距我們認為是合理的，合理的差距有利於行業之間的正常競爭，有利於提高經濟效益。但是，應根據實際情況區別對待不同行業，如中國的農、林、牧、漁業因為自然環境或者歷史人文原因，其行業的勞動生產率遠遠落後於一般行業水平，導致這些行業和其他行業收入差距過大。因此，為提高這些行業的生產率，我們應該改變行業生產方式，提高生產的機械化程度，提高從業者的素質水平，進而縮小這些行業和其他行業間的收入差距。同時，可以用減免稅收等各種優惠政策吸引外資進入中國勞動生產率相對落後的行業，以縮小整體行業間的收入差距。

第三節　本章小結

本章主要研究行業收入差距的形成機理，通過理論研究和實證分析兩方面論證了行業收入差距的成因。

本章第一節對行業收入差距的成因進行了理論詮釋。從行業壟斷、行業人力資本差異、市場機制、行業差異和產業結構調整等不同角度對行業收入差距的形成進行了論述，為下一節中的實證分析奠定了理論基礎。

在第二節中，本文把各行業城鎮就業人員平均工資的自然對數作為被解釋變量以描述行業間收入差距，將行業壟斷水平、行業人力資本水平、行業勞動生產率、行業規模、行業資本密集度和外商直接投資作為行業收入差距的影響因素，選用中國省際 2004—2010 年的數據建立面

板數據模型，經過研究分析，得到的主要結論有4點。

結論1：根據分析該模型設定為固定效應變截距模型，模型總體擬合結果良好，在0.05的顯著性水平下，各個自變量都通過了顯著性檢驗。

結論2：模型結果顯示，行業壟斷水平、行業人力資本水平和勞動生產率的不同對收入差距影響較大。勞動力受教育年限每提高1%，行業就業人員平均工資水平將提高1.93%；行業勞動生產率每提高1%，行業就業人員平均工資水平將提高0.17%；行業壟斷即國有控股投資額占行業總投資額比例提高1%時，該行業平均工資水平會提高0.14%。

結論3：行業資本密集度對行業收入水平的影響系數和現實不符合，原因是反應行業資本密集度的代表性指標人均固定資產投資在這裡不適用。

結論4：該實證結果基本支持行業收入差距的理論，同時具有一定的啟示意義，即可以從降低行業壟斷水平、促進行業公平競爭，縮小行業人力資本水平差異以及提高落後行業的勞動生產率等方面來緩解中國現階段的行業收入差距矛盾。

第七章　中國行業收入差距的效應分析

第一節　中國行業收入差距與經濟增長

一、「倒 U 假說」的簡單判斷

「倒 U 假說」是美國著名經濟學家庫茲涅茨在 1955 年提出的，發表在其論文《經濟發展與收入不平等》當中。他主要根據 19 世紀到 20 世紀的幾個典型資本主義國家經濟發展過程中的收入統計數據，研究分析得出了這樣的結論：收入不平等程度在國家經濟增長的長期過程中變化趨勢不一致，在經濟增長的早期階段，收入不平等逐漸擴大，當經濟增長到一定程度時，收入不平等趨於最大值，然後在經濟增長的後期，收入不平等程度逐漸縮小，如圖 7-1 所示。

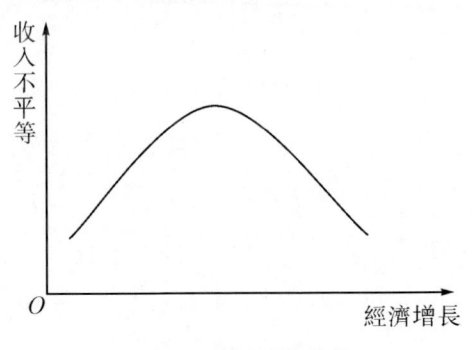

圖 7-1　庫茲涅茨曲線

庫茲涅茨認為，經濟落後的發展中國家向發達國家發展的過程當中，收入差距必然經歷「先擴大，後縮小」的趨勢。同時，他給出了這種變化趨勢的原因。他認為在經濟發展的早期，社會剩餘和儲蓄主要集中在少數富裕階層，這樣也有利於經濟的快速增長，因而就出現了早期的收入分配「窮者愈窮，富者愈富」的現象；另外在經濟發展早期城市化加快的過程中，城市居民的收入不平等程度加劇，也加劇了收入差距的擴大。在經濟發展的後期，由於相關法律法規、收入分配調節稅及社會保障製度的有效實施等大大降低了收入分配不平等程度，導致收入差距從擴大向逐步緩和轉變。

因為庫茲涅茨在研究該理論時，使用的資料和國家案例相對較少，因此導致經濟學界對「倒U假說」的普遍適用性存有很大爭議，既有肯定論又有否定論。

一些經濟學家對「倒U假說」持肯定態度，比如諾貝爾經濟學獎獲得者劉易斯，他在分析二元經濟結構理論中得出了和庫茲涅茨相同的結論。他認為，在經濟發展的初級階段，資本家和勞動階級的收入差距擴大，同時勞動階級內部因勞動者分屬不同的行業引起收入差距擴大；隨著經濟繼續發展，勞動者的工資會逐步提高，從而使得資本家和勞動階級之間的收入差距趨於穩定，不再繼續上升。當經濟發展進入較高級階段時，社會剩餘勞動力會逐步消失，勞動力市場不再是供過於求的階段，相較於充足的資本要素，勞動要素相對稀缺，從而引起勞動者的工資上升，而資本家階級的收益則相應下降，致使社會的整體收入差距下降。

但是也有經濟學家給出了「倒U假說」的反例。其中最有代表性的就是亞洲「四小龍」：韓國、臺灣、中國香港、新加坡。這些國家和地區的收入分配並不支持庫茲涅茨曲線。在它們工業化發展的初期，收

入不平等程度不僅沒有惡化反而有所降低，其中臺灣地區的情況最為典型。中國臺灣地區的經濟從20世紀50年代開始迅速增長，1953年人均地區生產總值為160美元，1974年上升到862美元，年均增長率達到8.3%，而基尼系數卻從1953年的0.558下降到1974年的0.287，收入不平等程度在降低。另外，美國、日本和歐洲等發達國家和地區在工業化後期，收入差距也不像「倒U假說」所說的那樣逐步降低，反而呈現了擴大的趨勢。

那麼，在中國（不含香港、澳門和臺灣地區），「倒U假說」是否成立呢？為了檢驗這個理論，我們從2015年《中國統計年鑒》中找到1978—2014年歷年人均GDP作為橫軸，然後利用第三章當中計算出來的泰爾指數（行業收入不平等的指標）作為縱軸，畫出它們之間的平滑線散點圖（見圖7-2）。

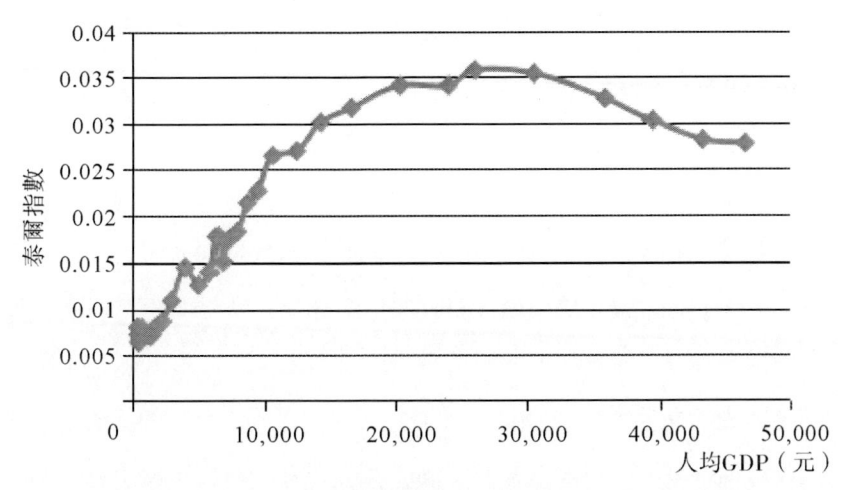

圖7-2 人均GDP與泰爾指數平滑散點圖（1978—2014年）

從圖7-2中可以看出，到目前為止，中國行業收入差距與人均GDP之間的關係圖基本上符合了庫茲涅茨「倒U曲線」。1992年，人

均 GDP 為 2,324 元，從這年起行業收入差距急速增加，到 2009 年人均 GDP 達到 25,963 元時，行業收入差距達到最大值，然後呈現逐步下降趨勢。後期行業收入差距如何變化，是繼續保持緩慢下降趨勢，還是基本維持現狀抑或掉頭上升，還有賴於時間的驗證。

二、收入差距與經濟增長理論分析

收入差距與經濟增長之間的關係，一直是經濟學家們關注的熱點問題之一。國內外學者們對此進行了大量的研究，但是研究結論卻存在很大差異，甚至恰好相反。比如 Persson 和 Tabellini（1994）、Benabou（1996）等人通過實證分析，發現經濟增長和收入差距之間存在顯著的反向關係，但是 Li、Zou（1998）和 Forbes（2000）等的研究則給出了相反的結果。Barro（2000）的研究表明，當窮國和富國的數據混合在一起研究時，發現經濟增長與收入差距之間不存在顯著關係。Lin、Huang 和 Weng（2006）的研究支持了庫茲涅茨的「倒 U 假說」。

近十幾年來，對於兩者之間的關係研究集中在收入差距對經濟增長的影響上面，學者們對此持有不同的觀點。Perotti（1996）基於不同國家橫截面數據的研究發現，收入差距的擴大對經濟增長產生了負效應。Barro（2000）同樣適用跨國橫截面數據模型分析，結果發現不同國家收入差距對經濟增長的效應不相同：發達國家兩者是正相關關係，而發展中國家則是負相關關係。Forbes（2000）研究發現收入差距對經濟增長的短期和中期（5 年內）效應為正。Panizza（2002）利用美國 1940—1980 年 48 個州的面板數據研究發現，收入差距和經濟增長之間是負相關關係。Frank（2005）在 Barro（2000）研究的基礎上，將橫截面數據擴展為美國 1945—2001 年 48 個州的面板數據，並將 Barro（2000）模型中的被解釋變量定義為人均實際 GDP，主要的解釋變量與 Barro（2000）的相同，結果

發現美國各州的收入差距對經濟增長產生負效應。國內學者對此也有很多研究結論。陸銘等（2005）通過對中國 1987—2001 年省際面板數據建立分布滯後模型和聯立方程組模型研究發現，中國各省的收入差距對經濟增長產生負效應。汪同三、蔡躍洲（2006）基於標準協整理論和格蘭杰因果關係檢驗發現，城鎮居民收入差距擴大增加了重工業投資比重，提高了經濟增長速度，而農村收入差距和投資及經濟增長之間關係不顯著。王少平、歐陽志剛（2008）利用非線性閾值協整模型研究發現，1978—1991 年中國城鄉收入差距對經濟增長的長期效應為正，1992—1999 年收入差距對經濟增長的效應由正向負平滑轉換，1999 年後中國城鄉收入差距對經濟增長產生負效應，並且其負效應程度逐年提高。通過以上文獻結論可以看出，大多數學者都認為收入差距擴大對經濟增長有負效應。但也有少數文獻有相反結論，認為收入差距有利於經濟增長。例如，James Mirrlees（1971）年提出了激勵理論，工資的平均分布會降低工人的生產積極性，進而降低生產效率，不利於經濟增長。李宏毅和鄒恒甫（1998）通過研究收入變化對投票人決策的影響發現，收入的均等化將促使人們投票支持更高的稅率，不利於經濟增長。反之，收入差距擴大促使人們會支持更低的稅率，有利於經濟增長。Aghion（1999）等人認為富人的邊際儲蓄率高於窮人，投資率和儲蓄率正相關，而投資又和經濟增長有關係，因此他們認為一個不平等的經濟體將會比收入分配更均等的經濟體得到更快的經濟發展。

對於中國經濟增長過程中出現的收入差距擴大問題，國內也有很多學者基於不同的研究角度對其進行了分析。陳宗勝（1994）認為，中國經濟體制改革的跳躍式發展，致使收入分配曲線階梯形提高，並最終導致收入差距擴大。李實、趙人偉（1999）指出，中國城鄉的二元型經濟結構並沒有推動收入差距的「倒 U」變動，主要是因為制度轉型而

導致的收入差距持續擴大。林毅夫、蔡昉、李周（1999）認為，中國收入差距惡化的主要原因是政府實施的違背比較優勢的趕超戰略。王韌（2006）利用1978—1998年全國各省的面板數據進行研究，發現中國特有的地區管理體制、製度改革和趕超戰略的實施是「倒U」假說在中國「失效」的主要原因。李珊、逄錦麗（2009）對於1985—2006年城鄉收入差距與經濟增長關係的實證研究，表明二者之間不僅存在長期的均衡關係，而且還存在因果關係。張嫘、方天堃（2007）利用1978—2003年的年度經濟數據研究分析。結果表明，無論在長期還是在短期，經濟增長都是造成收入差距變化的重要原因，而城鄉收入差距對經濟增長的影響僅僅表現在短期內。歐陽朝旭（2009）基於安徽省1980—2007年的年度數據的研究結果表明，安徽城鄉收入差距與經濟增長之間表現出一種長期穩定的正向均衡關係。

三、收入差距與經濟增長實證分析

上文中總結了研究收入差距與經濟增長關係的相關文獻，而行業收入差距是收入差距的重要組成部分，中國行業間的收入不平等是導致中國整體收入不平等的重要因素，因此本文在前人研究的基礎上，用面板數據來實證檢驗中國行業收入差距與經濟增長之間的相互關係。

此處用行業泰爾指數（Theil）來表示行業收入差距，人均地區生產總值來表示經濟增長。因為各省的泰爾指數只有1987年以後的數據，因此本文只研究1987—2014年兩者之間的相互關係。1987—2008年各省份的人均地區生產總值數據來源於《新中國60年統計資料匯編》，2009—2014年人均地區生產總值數據用《中國統計年鑒》中各地區國內生產總值除以各地區年末人口總數計算而來。為了消除價格因素的影響，用居民消費價格指數（以1978年為基年，則該年的居民消費價格

指數為100）把人均地區生產總值折算成以1978年不變價格計算的值即實際人均地區生產總值。在此基礎上分別研究經濟增長對行業收入差距的影響以及行業收入差距對經濟增長的影響。

(一) 經濟增長對行業收入差距的影響

本文選取1987—2014年全國31個省、市、自治區的面板數據建立模型來驗證中國行業收入差距的演變軌跡是否符合庫茲涅茨「倒U假說」。因為中國地域遼闊，不同區域的行業收入差距因為該區域的地理位置、資源稟賦等具體特徵的不同而存在差異。因此在進行模型估計時，採用個體固定效應模型是比較合適的。按照「倒U假說」把各省行業收入差距作為被解釋變量，把各省的實際人均地區生產總值、實際人均地區生產總值的平方項作為解釋變量，建立模型如下：

$$Theil_{it} = C + \lambda_i + \beta_1 \times GDP_{it} + \beta_2 \times GDP_{it}^2 + u_{it} \tag{7-1}$$

其中，$Theil_{it}$為各省各年的行業收入差距，GDP_{it}為各省各年的實際人均地區生產總值，λ_i為各省的固定效應。利用Eviews軟件，採用截面加權最小二乘估計法分別對全國、東部、中部、西部地區的模型進行分析，其中東部地區包括遼寧、北京、天津、河北、山東、江蘇、上海、浙江、福建、廣東、海南11個省份；中部地區包括山西、吉林、黑龍江、江西、安徽、河南、湖北、湖南8個省份；西部地區包括內蒙古、青海、西藏、廣西、四川、重慶、貴州、雲南、陝西、甘肅、寧夏、新疆12個省份。估計結果如表7-1所示。

表7-1　　　經濟增長對行業收入差距影響的實證結果

區域	全國	東部	中部	西部
C （t統計值） （P值）	0.003,305 (3.373,135) (0.000,8)	−0.007,576 (−3.716,104) (0.000,2)	−0.006,653 (−3.111,382) (0.002,1)	−0.002,396 (−1.833,388) (0.067,7)

表7-1(續)

區域	全國	東部	中部	西部
β_1 (t統計值) (P值)	1.73E-05 (16.450,14) (0.000,0)	2.01E-05 (11.997,20) (0.000,0)	4.30E-05 (12.539,04) (0.000,0)	3.60E-05 (18.921,62) (0.000,0)
β_2 (t統計值) (P值)	-1.23E-09 (-5.286,965) (0.000,0)	-1.34E-09 (-4.156,644) (0.000,0)	-1.32E-08 (-10.728,80) (0.000,0)	-8.13E-09 (-14.687,65) (0.000,0)
決定系數 R^2	0.615,002	0.765,832	0.573,939	0.715,230
F統計值	41.083,51	80.125,77	32.030,64	60.085,31
樣本容量	856	307	224	325

從表7-1的估計結果可以看出，全國、東部、中部、西部的四個模型總體較為顯著，並且兩個係數β_1和β_2在四個模型中都顯著。並且發現β_1均為正數，β_2均為負數，說明全國範圍內、東部地區、中部地區和西部地區的行業收入差距與人均地區生產總值之間存在「倒U」關係。換句話說，即在經濟增長的初期，人均地區生產總值增加，行業收入差距隨之增加，但當人均地區生產總值達到一定程度時，經濟繼續增長，這時候會降低行業收入差距。

進一步觀察，發現β_1的具體數值存在差異，按照其大小排列，依次為中部、西部、東部、全國。β_1為正，表示人均地區生產總值對行業收入差距有正向效應，該數值越大，說明經濟增長對行業收入差距影響越明顯。因此說明在經濟發展初期，不同地方的經濟增長對行業收入差距的影響不一致，經濟較不發達地區，經濟增長所引起的行業收入差距越明顯，在中國中、西部地區經濟增長引發的行業收入差距大於東部。

另外，為了分析中國不同省份固定效應對行業收入差距的影響，按照從小到大的順序對全國各省、市、自治區的固定效應進行排序。

表 7-2　全國固定效應模型各省、市、自治區固定效應排序

排序	省份	固定效應值	排序	省份	固定效應值	排序	省份	固定效應值
1	上海	-0.030,769	12	重慶	-0.003,689	23	貴州	0.004,242
2	天津	-0.022,991	13	江西	-0.002,033	24	浙江	0.004,383
3	北京	-0.014,495	14	河北	-0.001,616	25	青海	0.006,985
4	江蘇	-0.011,574	15	四川	-0.001,189	26	山西	0.010,359
5	福建	-0.010,195	16	廣西	-0.000,64	27	黑龍江	0.010,408
6	山東	-0.007,204	17	陝西	-0.000,58	28	西藏	0.010,795
7	遼寧	-0.006,169	18	河南	-7.90E-05	29	寧夏	0.012,747
8	湖南	-0.005,241	19	雲南	1.97E-05	30	新疆	0.015,278
9	廣東	-0.005,128	20	甘肅	0.000,105	31	海南	0.055,599
10	湖北	-0.005,022	21	內蒙古	0.001,042	—	—	—
11	吉林	-0.004,807	22	安徽	0.002,126	—	—	—

　　從表 7-2 中的固定效應排序來看，從小到大排在前三位的是上海、天津和北京，排在後面位次的大部分都是西部省份。模型中各省的固定效應反應了區域自身稟賦所導致的行業收入差距，由此排序可以看出，東部經濟較發達地區的行業收入差距較小，而西部經濟相對落後的省份行業收入差距較大。

(二) 行業收入差距對經濟增長的影響

　　上文中運用面板固定效應模型對中國經濟增長中的「倒 U 假說」進行了實證檢驗，接下來繼續採用面板數據固定效應模型對中國行業收入差距對經濟增長的影響進行實證檢驗。

　　把各省實際人均地區生產總值作為被解釋變量，各省行業收入差距及其平方項作為解釋變量，建立行業收入差距對經濟增長影響的反「倒 U」模型：

$$GDP_{it} = C + \lambda_i + \beta_1 \times Theil_{it} + \beta_2 \times Theil_{it}^2 + u_{it} \qquad (7-2)$$

各參數和經濟變量含義不變,當 β_1 為正數, β_2 為負數時,反「倒 U 假說」成立。其經濟含義為:經濟發展初期行業收入差距在一定範圍內的擴大有利於經濟增長,而當行業收入差距擴大到一定程度時,則會對經濟增長產生妨礙作用。利用面板數據採用截面加權的廣義最小二乘法分別對全國、東部、中部、西部地區的模型進行估計,結果見表 7-3 所示。

表 7-3　　　　行業收入差距對經濟增長影響的實證結果

區域	全國	東部	中部	西部
C (t 統計值) (P 值)	622.932,7 (18.251,65) (0.000,0)	1,070.907 (19.433,00) (0.000,0)	440.974,0 (5.291,973) (0.000,0)	337.750,4 (6.451,995) (0.000,0)
β_1 (t 統計值) (P 值)	48,967.30 (24.106,15) (0.000,0)	68,529.21 (22.466,09) (0.000,0)	40,285.37 (6.610,747) (0.000,0)	42,666.56 (9.311,634) (0.000,0)
β_2 (t 統計值) (P 值)	-305,061.7 (-12.163,78) (0.000,0)	-455,484.5 (-13.638,47) (0.000,0)	-275,256.5 (-2.966,803) (0.003,4)	-422,642.7 (-4.478,915) (0.000,0)
決定系數 R^2	0.763,680	0.843,013	0.711,475	0.602,877
F 統計值	83.111,62	131.564,2	58.633,79	36.317,84
樣本容量	856	307	224	325

從表 7-3 的估計結果可以看出,全國、東部、中部、西部的四個模型總體較為顯著,並且兩個系數 β_1 和 β_2 在四個模型中均顯著。且發現 β_1 均為正數, β_2 均為負數,說明全國範圍內、東部地區、中部地區和西部地區的人均地區生產總值與行業收入差距之間存在反「倒 U」關係。換句話說,即在經濟增長的初期,行業收入差距增加,人均地區生產總值隨之增加,但當行業收入差距達到一定程度時,行業收入差距繼續增長,這時候會降低經濟增長速度。從 (7-2) 式可以看出,當泰爾指數

$= -\dfrac{\beta_1}{2\beta_2}$ 時，經濟增長可以達到最大值，然後隨著行業收入差距的繼續擴大，經濟增長開始下降。因此通過計算得出，當全國範圍內的行業收入差距指標——泰爾指數達到 0.08 時，經濟增長會達到極值點。也即是說，當泰爾指數大於該數值時，行業收入差距對經濟增長將產生負面效應。結合前文計算出的數據，按照這個標準來判斷的話，中國目前的行業收入差距還不到對經濟增長產生負面作用的程度。

進一步觀察，發現 β_1 的具體數值存在差異，按照其大小排列，依次為東部、全國、西部、中部。β_1 為正，表示行業收入差距對經濟增長有正向效應，該數值越大，說明行業收入差距對經濟增長影響越明顯。因此可以說明在經濟發展初期，不同地方的行業收入差距對經濟增長的影響不一致，經濟越發達地區，行業收入差距對經濟增長的刺激作用越明顯。在中國，東部地區行業收入差距對經濟增長的刺激作用大於中部和西部。

第二節　中國行業收入差距的其他效應分析

一、行業收入差距與產業結構

(一) 相關理論概述

眾多研究已經證實，收入差距和產業結構變化之間存在著內在的相互作用與聯繫。收入差距通過消費需求和資本流向對產業結構的變化起著重大作用；產業結構通過就業結構和資本回報率影響收入差距。收入差距通過消費需求影響產業結構的原理在於，收入差距的存在產生了三個不同的收入階層，即高收入階層、中等收入階層和低收入階層，這三

個階層不同的收入造成了其不同的消費需求。收入分配如果發生變化，則這三個收入階層的消費結構也會相應變化，導致消費支出在不同領域的調整，從而引起產品結構和產業結構的相應調整。中國目前的低收入階層收入的主要來源為工資收入，而高收入階層有更多的非工資收入。高收入階層已滿足了對基本消費品的需求，更多的是對高檔消費品或高新技術產品如汽車、別墅的消費需求。這類需求的增加、較高的利潤率會使這些行業投資大幅增加，致使該類行業得到迅速發展。中等收入階層在解決溫飽後，轉而追求高質量的生活品質，對高檔消費品也會產生需求。而低收入階層大多收入水平較低，消費需求仍然集中於基本生活品。不同階層間的收入差距拉大，當高收入階層在總收入中的比重增加，其對高檔消費品的需求上升，高檔消費品行業得到迅速發展，從而帶動相關建築及金融服務等行業的發展；而低收入階層在總收入中的比重下降，其對基本消費品的需求增速變緩，基本消費品行業就會發展緩慢。另一方面，收入差距還可以通過資本流向影響產業結構，因為收入分配的結構發生變化，將使相應的要素供給數量和速度也發生變化，從而使國民經濟的供給結構、產業結構也相應變化。在收入差距擴大的情況下，為了追求更高的邊際報酬率，經濟資源會流向效率高的產業，從而促進該產業的發展。比如在工業、農業等物質生產部門效益下降的情況下，民間投資者、高收入階層會傾向於將資金投入到回報較高的非物質生產部門如金融衍生部門，從而會大大推動金融服務業的發展。汪同三（2004）認為收入分配政策的調整是解決某些經濟結構問題的重要方式。我們應從收入分配調整的角度來分析和解決產業結構問題。中國的收入分配使投資率偏高，全社會固定資產投資佔有比例太高，導致第三產業增長滯後於第二產業，影響到了宏觀經濟總體增長的平穩性和持續性。

(二) 實證研究分析

改革開放以來，中國三大產業結構發生了顯著變化。第一產業占GDP比重逐步下降，從1978年的0.28下降到2014年的0.092；第二產業比重較為穩定，維持在0.4到0.5之間；第三產業比重穩步提高，從1978年的0.24上升到2014年0.481，已經趕超了第二產業。目前，第二產業（尤其是工業）是拉動經濟增長的主導力量，第三產業中金融業和房地產業發展迅速，2014年其占比分別為7.3%和6.0%，對經濟增長有重要拉動作用。但和成熟的市場經濟國家相比，中國的第三產業發展滯後，不能適應現代經濟發展的需要。因此為了保證經濟的持續快速平穩發展，我們應加快產業結構調整，促進產業結構優化和升級，尤其是要加快發展現代服務業，把服務業的結構升級作為產業結構優化的關鍵。為體現產業結構的優化發展，本研究把第三產業產值占國內生產總值比例作為產業結構變化的代表性指標，用IS來表示，根據歷年《中國統計年鑒》的原始數據計算而來。同樣用泰爾指數來衡量行業收入差距。此處我們用向量自迴歸模型（VAR）來進行估計，該模型是一種非結構化的模型，是基於數據的統計性質建立的模型。VAR模型把系統中每一個內生變量作為系統中所有內生變量的滯後值的函數來構造模型，通常用於多變量時間序列系統的預測和描述隨機擾動對變量系統的動態影響。

行業收入差距和產業結構的VAR模型估計結果如表7-4所示：

表7-4　　行業收入差距和產業結構的VAR模型估計結果

變量	Theil	IS
Theil（−1）	1.031,982 (0.178,73) [5.773,94]	−0.573,238 (1.029,80) [−0.556,65]

表7-4(續)

變量	Theil	IS
Theil (-2)	-0.157,098 (0.169,09) [-0.929,07]	0.881,171 (0.974,26) [0.904,45]
IS (-1)	-0.011,939 (0.026,11) [-0.457,31]	1.265,414 (0.150,42) [8.412,27]
IS (-2)	0.028,920 (0.027,72) [1.043,25]	-0.325,990 (0.159,72) [-2.040,98]
C	-0.003,156 (0.002,19) [-1.439,37]	0.021,926 (0.012,63) [1.735,43]
R-squared	0.976,283	0.983,961
S. E. equation	0.001,741	0.010,032
F-statistic	308.724,0	460.097,6
Akaike AIC	-9.736,938	-6.234,465

註：表格內數據為係數之估計值，「（ ）」內數據為估計值的標準差，「［ ］」內數據為估計值的t統計值。本節所涉及VAR模型均同，不再贅述．

為了檢驗上述模型的穩定性，輸出模型的AR特徵根（見圖7-3），從圖中看出AR特徵多項式根的倒數都位於單位圓內，因此說明所估計的VAR模型是穩定的。

從表7-4中可以看出，兩個方程調整的擬合優度分別為0.976,283和0.983,961，整體擬合效果良好。從第二個方程來看，泰爾指數滯後一期的係數為負，滯後二期為正，所有滯後期的係數之和為正，說明泰爾指數代表的行業收入差距對產業結構水平的短期效應為負，中期效應和總效應為正。也就是說在目前的經濟水平中，行業收入差距的擴大利於產業結構的優化，即促進第三產業的增長。

從第一個方程看，產業結構水平滯後一期的係數為負，滯後二期為

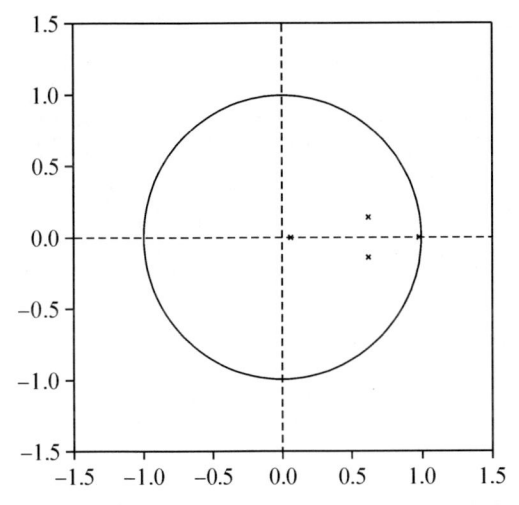

圖 7-3　行業收入差距和產業結構 VAR 模型特徵根

正，所有滯後期的系數之和為正，說明產業結構水平對行業收入差距的短期效應為負，中期效應及總的效應均為正。也就是說從總體上看，產業結構的優化將促使行業收入差距進一步加大。

　　為了直觀形象地考察變量間的相互影響，下面列出了脈衝響應函數的曲線圖（見圖 7-4）。脈衝響應函數（Impulse Response Function，IRF）用於衡量來自某個內生變量的隨機擾動項的一個標準差衝擊（稱之為「脈衝」）對 VAR 模型中所有內生變量當前值和未來取值的影響。具體來說，它描述的是在隨機誤差項上施加一個標準差大小的新息衝擊後對內生變量的當期值和未來值所帶來的影響。本文中計算脈衝響應函數標準誤方式採用蒙特卡洛（Monte Carlo）模擬方法。

　　圖 7-4 中，橫軸表示時期數，縱軸表示脈衝響應函數大小，虛線部分表示正負兩倍的標準差偏離帶。從中可以看出：泰爾指數對產業結構擾動沒有立即做出響應，在第一期的響應為零，第二期為負向，從第三期開始轉為正向，到第 12 期達到最大值，然後開始縮小；產業結構對

泰爾指數的擾動立即做出反應，第一期至第四期為負，其後都為正，到第 12 期達到最大值，然後逐步縮小。

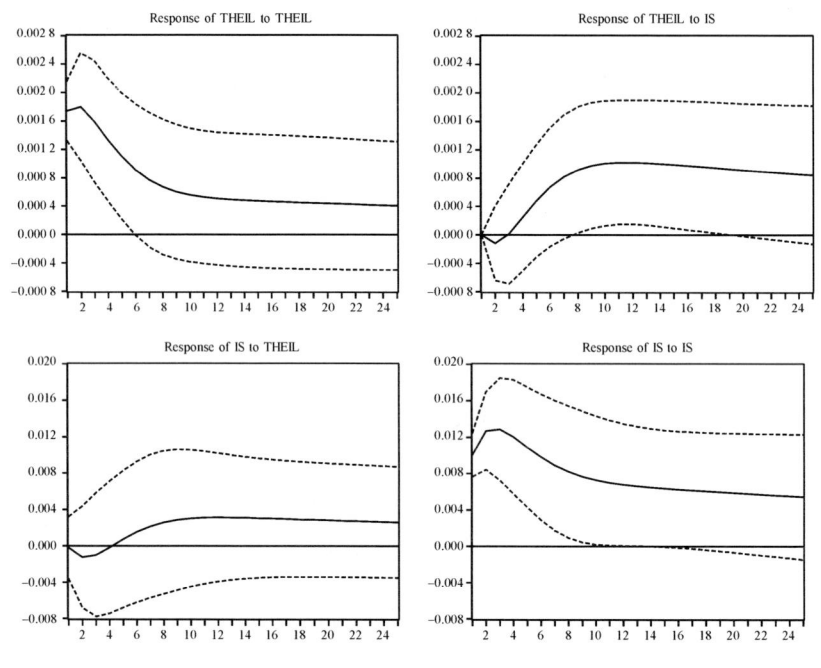

圖 7-4　行業收入差距與產業結構脈衝響應

二、行業收入差距與就業問題

（一）相關理論分析

　　就業問題與收入分配是各種經濟與社會矛盾綜合作用的產物，二者相互作用，相互影響。就業問題的核心是失業率的高低和就業結構狀況，這兩者在很大程度上取決於經濟發展的規模、速度以及經濟結構狀況。而不同的收入分配狀況會對經濟增長的規模、速度、經濟結構等產生直接影響，因此，我們認為，收入不平等對就業的影響主要是通過其對經濟增長的影響而間接形成的。由於消費和投資是經濟增長的原動力，所以這裡我們考慮收入差距是如何通過直接作用於消費和投資而對

就業產生間接影響的。當行業收入差距擴大時，居民的消費需求也隨之擴大，生產規模也相應被拉動擴大，消費需求的擴大還會同時帶動投資需求的擴大，進而使整個經濟的規模不斷增長。自然地，居民就業機會也隨之增長，失業率下降。反之，如果居民的消費需求不能有效擴大甚至降低，生產規模也就不能增加甚至出現萎縮，那麼，居民就業機會也將無法增加甚至出現降低，失業率上升。在就業結構方面，根據配第－克拉克定理（勞動力轉移定理），隨著人均國民收入水平的提高，勞動力首先從第一產業向第二產業移動，而當人均國民收入水平進一步提高時，勞動力會向第三產業移動，勞動力在產業間的分布狀況為：第一產業減少，第二、三產業增加。克拉克認為，勞動力在產業間轉移是由經濟發展中各產業間出現收入的相對差異造成的，人們總是從低收入產業向高收入產業轉移的。如果行業收入分配懸殊，收入主要集中於少數高收入行業居民的手中，高收入階層的消費需求構成了社會需求的主體，這樣，整個社會的產品與勞動服務便主要圍繞高收入階層展開，有限的資源與投資將流向高檔消費品、奢侈品行業與相關的第三產業。而同時，由於中、低收入階層的消費需求不足，能滿足大多數中、低收入階層生活需要的輕工業部門以及以輕工業部門發展需求為基礎的基礎工業部門無法得到有利的發展。這樣，勞動力就自然會在第一、二、三產業間轉移。所以，過大的行業收入差距對勞動力的就業結構有著重要的影響。事實上，隨著中國經濟的不斷發展，中國行業之間存在的較大收入差異使得低收入就業人員向收入較高行業流動的情況確實發生了，但還是非常有限。因為中國是一個勞動力極為過剩的國家，且在許多高收入行業中存在著嚴重的行業進入壁壘，勞動力市場還不夠公開和透明，勞動力市場雙方存在信息不對稱的情況，因此受到以上諸多方面的制約，中國的勞動力還沒有完全實現從第一產業向第二、三產業的轉移。

(二) 實證分析

根據上文分析來驗證失業率和收入差距之間的相互關係，用 UN 來表示中國每年失業率，數據來源於歷年《中國統計年鑒》，行業收入差距仍用泰爾指數代表。此處用向量自迴歸模型（VAR）來估計行業收入差距和產業結構的相互關係，VAR 模型估計結果如表 7-5 所示：

表 7-5　　行業收入差距和失業率的 VAR 模型估計結果

變量	Theil	UN
Theil (-1)	0.983,675 (0.186,19) [5.283,30]	0.203,868 (0.221,16) [0.921,80]
Theil (-2)	0.274,845 (0.268,37) [1.024,13]	0.209,016 (0.318,79) [0.655,66]
Theil (-3)	-0.341,858 (0.184,23) [-1.855,58]	-0.181,245 (0.218,84) [-0.828,20]
UN (-1)	0.187,345 (0.161,32) [1.161,30]	0.976,829 (0.191,63) [5.097,47]
UN (-2)	-0.130,777 (0.219,63) [-0.595,44]	-0.170,200 (0.260,89) [-0.652,38]
UN (-3)	0.009,617 (0.119,14) [0.080,72]	-0.147,736 (0.141,52) [-1.043,90]
C	-0.000,258 (0.001,39) [-0.185,78]	0.006,808 (0.001,65) [4.133,22]
R-squared	0.977,589	0.951,128
S. E. equation	0.001,751	0.002,079
F-statistic	196.295,1	87.577,69
Akaike AIC	-9.676,522	-9.332,213

为了檢驗上述模型的穩定性，輸出模型的 AR 特徵根（見圖 7-5），從圖中看出 AR 特徵多項式根的倒數都位於單位圓內，因此說明所估計的 VAR 模型是穩定的。

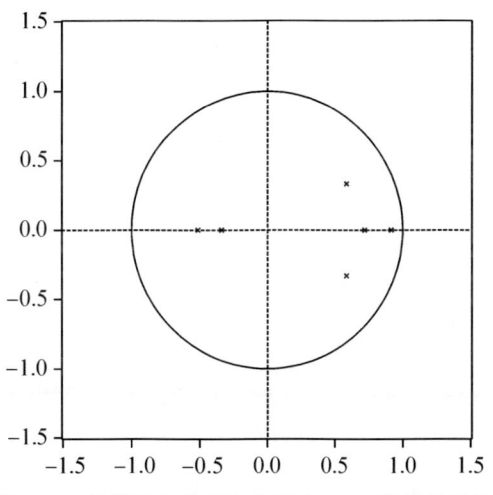

圖 7-5　行業收入差距和失業率 VAR 模型特徵根

從表 7-5 中可以看出，兩個方程調整的擬合優度分別為 0.977,589 和 0.951,128，整體擬合效果良好。從第一個方程看，失業率水平滯後一期的係數為正，滯後二期為負，所有滯後期的係數之和為正，說明失業率水平對行業收入差距的短期效應為正，中期效應為負。總體上看，失業率的提高將促使行業收入差距進一步加大。從第二個方程來看，泰爾指數滯後一期、滯後二期的係數均為正，滯後三期為負，所有滯後期的係數之和為正。這說明泰爾指數代表的行業收入差距對失業率的效應為正，也就說明行業收入差距的擴大將導致失業率提高。

為了更直觀地考察變量間的相互影響，同樣列出了脈衝響應函數的曲線圖（見圖 7-6）。從中可以看出：失業率對泰爾指數擾動立即做出響應，在第一期的響應為正，到第五期達到最大值，然後開始縮小；泰

爾指數對失業率的擾動沒有立即做出反應，第一期響應為零，其後都為正，到第六期達到最大值，然後逐步縮小。

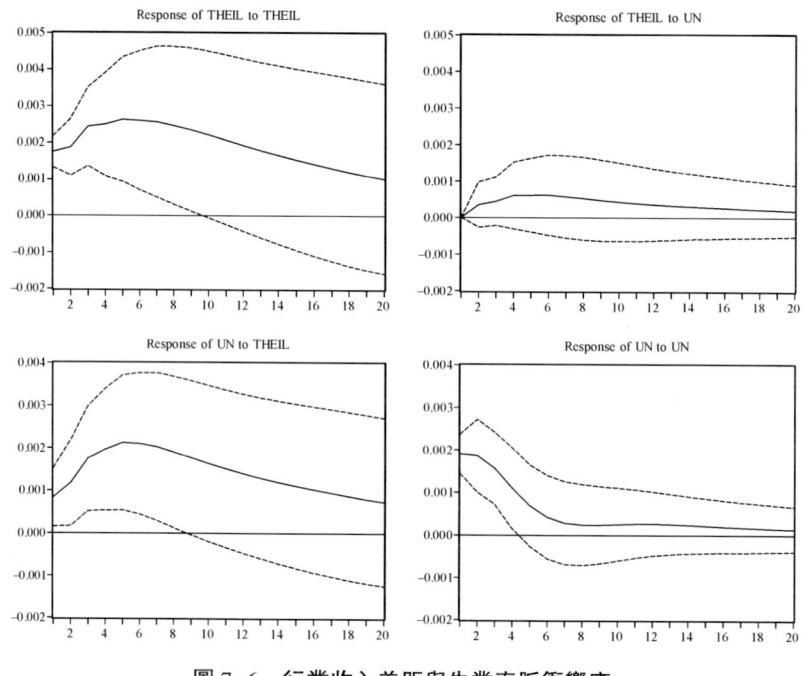

圖 7-6 行業收入差距與失業率脈衝響應

三、行業收入差距與金融發展

(一) 相關理論概述

在分析金融發展和收入分配的關係時，很多研究集中在探討金融發展對收入差距的影響上，在這一方面，Greenwood 和 Jovanovic（1990）通過建立一個動態模型，在初始收入分配外生於經濟增長和金融發展，並且金融發展與經濟增長之間存在「門檻效應」的假設前提下，實證分析了金融發展和收入分配之間存在「倒 U」形關係，即金融發展在初期會擴大收入差距，但隨著經濟的增長，金融發展將會顯著降低收入差距。Clark、Xu 和 Zou（2003）利用全球數據的實證分析表明，金融發

展與收入分配差距之間存在負相關關係，一個國家的金融發展將會逐步縮小其收入差距。章奇等（2004）利用中國各省金融發展和城鄉收入差距的面板數據建立模型，採用銀行信貸占 GDP 的比重來度量金融發展水平。實證結果表明金融發展對城鄉收入差距產生正效應，且這種正效應主要發生在 20 世紀 90 年代。但是，陸銘、陳釗（2004）在對城市化的實證研究中卻得出了相反的結論，認為中國金融發展水平對城鄉收入差距的影響並不顯著。

關於收入差距對金融發展影響的理論和實證研究並不太多，國外學者 Holden 和 Prokopenko（2001）、Hnohan（2004）以一些發展中國家作為樣本，研究發現金融發展與貧困之間存在負相關關係。Beck 等（2004）採用 52 個國家 1960—1999 年的截面數據進行的實證研究，再次證實了金融發展與收入不平等存在顯著的負相關關係。中國學者們對此也有一些研究結論，姚耀軍（2005）基於 VAR 模型，對中國 1978—2002 年城鄉收入差距與金融發展的關係進行了 Granger 因果關係檢驗，發現城鄉收入差距和金融發展之間存在長期均衡關係，其中金融發展規模與城鄉收入差距之間正相關且互為對方的 Granger 原因，金融發展效率與城鄉收入差距之間負相關且互為對方 Granger 原因。尹希果、陳剛、程世騎（2007）基於面板單位根和向量自迴歸模型研究金融發展和城鄉收入差距之間的關係。結果發現不管是東部還是西部地區，兩個變量都不是同階單整變量，因而認為兩者之間不存在長期均衡關係。

（二）實證分析

本文用 1978—2014 年貨幣供應量 M2/國內生產總值（簡寫為 FD）來表示金融發展水平，其中歷年的貨幣供應量數據來源於 WIND 金融數據庫，國內生產總值來源於 2015 年《中國統計年鑒》，用泰爾指數（Theil）來表示行業收入差距。首先對兩變量取自然對數後進行單位根

檢驗，發現兩者均為單整序列，接著進行 Johansen 協整檢驗（見表 7-6），發現在 0.05 的顯著性水平下兩變量之間存在著一組協整關係。

表 7-6　　　金融發展和行業收入差距協整檢驗結果

Hypothesized No. of CE（s）	Eigenvalue	Trace Statistic	0.05 Critical Value	Prob.
None	0.409,117	23.558,64	20.261,84	0.017,0
At most 1	0.153,601	5.669,991	9.164,546	0.217,8

然後對其進行 Granger 因果關係檢驗，根據 AIC 最小值標準確定滯後 1 項，估計結果如表 7-7 所示。

表 7-7　　　金融發展和行業收入差距 Granger 因果關係檢驗結果

Null Hypothesis	F-Statistic	Probability
LNTHEIL does not Granger Cause LNFD	0.097,48	0.756,84
LNFD does not Granger Cause LNTHEIL	10.986,6	0.002,24

從上面表中可以看出，金融發展是行業收入差距的 Granger 原因，但行業收入差距不是金融發展的 Granger 原因。利用 Eviews 軟件計算出如下模型（括號中數據為 T 統計量值）：

$$LNTheil_t = -4.35 + 1.35LNFD_t + 0.75AR(1) + e_i \qquad (7-3)$$
　　　　　(-47.036)　(7.65)　　　(10.89)

$R^2 = 0.972,7 \quad D.W = 1.58$

模型總體估計結果良好，解釋變量通過了顯著性檢驗。因此可以得出結論：在中國，金融發展對行業收入差距有正向影響，當金融發展（M2/GDP）提高 1% 時，行業收入差距將會提高 1.35%。

四、行業收入差距與犯罪

(一) 相關理論概述

　　社會學與犯罪經濟學中很多理論都認同收入差距的擴大會導致犯罪率的上升。社會學中的相對剝奪理論認為，收入差距的擴大會導致社會中低收入人群產生一種相對剝奪感，增加消極情緒，進而影響該群體的態度和行為，因而這類群體很可能採取極端措施包括犯罪來彌補因其自身收入低所產生的被剝奪感。美國社會學家、犯罪學家羅伯特·默頓提出的緊張理論認為，處於下層社會的成員，由於缺乏在廣泛的社會中獲得經濟獎賞的能力而與社會產生疏離感與緊張感，這種負面情緒因為收入差距的擴大而進一步加劇，使其可能把犯罪活動作為獲得回報的一種手段。20世紀60年代西方國家興起的犯罪經濟學從經濟利益的角度出發，綜合運用最大化假定、理性等經濟概念，關注犯罪的成本與收益問題。該理論認為，收入差距的擴大一方面增加了對高收入群體實施犯罪的收益，另一方面降低了低收入群體的犯罪成本，兩方面綜合作用，將共同推動犯罪率的上升。不管是社會學還是犯罪經濟學，理論研究的結論大致相同，但實證研究結果卻存在分歧。Eberts、Schwirian（1968）首次提出收入差距與犯罪率之間存在正相關關係。然後很多學者對此展開了研究，得出了相同的結論（Ehrlich，1973；Fajnzylber et al，1998；Kelly，2000；Lederman et al，2002）。但也有很多學者研究發現收入差距與犯罪率之間不存在顯著關係，甚至收入差距和犯罪率存在負相關關係。Stack（1984）利用62個國家的面板數據進行了實證分析，發現除美國外的其他國家均無法證實收入差距與犯罪率之間的正相關關係。隨後 Deutsch（1992）、Doyle（1999）、Morrison（2003）、Saridakis（2004）的研究也得出同樣結論。中國收入差距的不斷擴大已成為國內

學者們研究的熱點問題，但研究收入差距與犯罪率之間關係的文獻相對較少。國內學者胡聯合、胡鞍鋼和徐紹剛（2005）、黃少安和陳屹立（2007）、白雪梅和王少謹（2007）、陳春亮和易君健（2009）等進行了相關理論的研究，他們均發現中國收入差距和刑事犯罪率之間存在正相關關係。

（二）實證分析

本文用公安機關刑事案件立案數/總人口來代表犯罪率，單位是每萬人發案數，具體數據見表7-8，其中公安機關刑事案件立案數的原始數據來源於歷年《中國法律年鑒》、總人口數據來源於2015年的《中國統計年鑒》。同樣用行業收入泰爾指數來代表行業收入差距，然後檢驗行業收入差距是否對犯罪率產生影響。為了消除異方差的影響，對犯罪率和泰爾指數都取自然對數來進行計算。

表7-8　　中國每萬人刑事案件立案數（1981—2014年）

年份	犯罪率	年份	犯罪率	年份	犯罪率	年份	犯罪率
1981	8.94	1990	20.09	1999	17.88	2008	36.78
1982	7.37	1991	20.43	2000	28.70	2009	41.81
1983	6.00	1992	13.51	2001	34.93	2010	44.52
1984	4.99	1993	13.64	2002	33.76	2011	44.57
1985	5.21	1994	13.86	2003	34.00	2012	48.38
1986	5.19	1995	13.38	2004	36.30	2013	48.49
1987	5.41	1996	13.08	2005	35.55	2014	47.81
1988	7.74	1997	13.05	2006	36.10	—	—
1989	18.15	1998	15.92	2007	36.39	—	—

為了避免偽迴歸，本文首先採用目前最常用的ADF法對原始數據求對數後進行單位根檢驗，以驗證其平穩性。檢驗結果如表7-9所示。

表 7-9　　　　犯罪率和行業收入差距 ADF 單位根檢驗結果

變量	ADF 統計值	(C, T, L)	P 值	結論
$LN(Crime)$	-3.649,063	(C, T, 1)	0.041,2	平穩
$LN(Theil)$	-2.573,080	(0, 0, 0)	0.011,7	平穩

註：① (C, T, L) 中 C 和 T 分別表示檢驗方程含常數項和趨勢項，L 表示滯後期（由 SIC 確定），C 或 T 為 0 表示不含截距或時間趨勢；②根據 P 值可以看出在 0.05 的顯著性水平下是平穩的。

從表 7-9 中可以看出，犯罪率和泰爾指數（行業收入差距）求自然對數後都是平穩序列。然後對其進行協整檢驗，結果如下表 7-10 所示。

表 7-10　　　　犯罪率和行業收入差距協整檢驗結果

Hypothesized No. of CE（s）	Eigenvalue	Trace Statistic	0.05 Critical Value	Prob.
None	0.399,213	17.257,88	15.494,71	0.026,9
At most 1	0.046,094	1.462,904	3.841,455	0.226,5

從上表可以看出，變量之間在 0.05 的顯著性水平下存在一組協整關係，並且經過 Granger 因果關係檢驗發現行業收入差距對犯罪率存在影響。利用 Eviews 軟件和廣義差分法估計得出如下模型（括號中數據為 T 統計量值）：

$$LNCrime_t = 7.26 + 1.03\ LNTheil_t + 1.04AR(2) - 0.87AR(3) + e_i \tag{7-4}$$

$$(17.23) \quad (10.22) \quad (4.94) \quad (-4.09)$$

$R^2 = 0.875 \quad D.W = 1.46$

從中可以看出模型的估計結果良好，解釋變量顯著。因此可以得出結論：行業收入差距與犯罪率之間存在正相關關係，當行業收入差距提

高 1% 時，犯罪率（每萬人公安機關刑事案件立案數）將會提高 1.03%。

第三節　本章小結

本章進行了行業收入差距的效應分析，第一節重點研究了行業收入差距和經濟增長之間的關係，用模型驗證了兩者之間內在的相互影響。第二節從理論和實證兩方面分析了行業收入差距分別對產業結構、就業、金融發展和犯罪的影響，可以得出 6 點主要結論。

結論 1：全國範圍內、東部地區、中部地區和西部地區的行業收入差距與人均地區生產總值之間存在「倒 U」關係，且經濟越不發達地區，經濟增長所引起的行業收入差距越明顯。

結論 2：全國範圍內、東部地區、中部地區和西部地區的人均地區生產總值與行業收入差距之間存在反「倒 U」關係，且當行業收入差距指標泰爾指數大於 0.08 時，行業收入差距對經濟增長將產生負面效應。如按照這個標準來看，中國目前的行業收入差距還沒有達到對經濟增長產生負面作用的程度。

結論 3：行業收入差距和產業結構（第三產業產值占國內生產總值比例）之間相互影響。產業結構水平對行業收入差距的短期效應為負，中期效應及總的效應均為正；行業收入差距的擴大有利於產業結構的優化。

結論 4：行業收入差距和失業率之間相互影響。失業率水平對行業收入差距的短期效應為正，中期效應為負，總體效應為正，即失業率提高擴大了行業收入差距；行業收入差距對失業率的效應為正，也就是說

行業收入差距的擴大將導致失業率提高。

　　結論 5：金融發展（M2/GDP）是行業收入差距的 Granger 原因。中國金融發展對行業收入差距有正向影響，當金融發展提高 1% 時，行業收入差距將會提高 1.35%。

　　結論 6：行業收入差距與犯罪率（公安機關刑事案件立案數/總人口）之間存在著正相關關係，當行業收入差距提高 1% 時，犯罪率將會提高 1.03%。

第八章　結論與政策建議

第一節　研究結論

本書在對改革開放後中國行業收入差距的變化特徵進行描述性概括的基礎上，以相關理論為支撐，分析了行業收入的兩極分化變動情況和行業收入差距的價值判斷，並用面板數據實證研究了行業收入差距的成因以及行業收入差距帶來的效應。

一、行業收入差距的統計分析

改革開放後中國各行業的平均工資上漲速度較快，但增長速度的差異很大，行業收入差距呈擴大趨勢。中國行業收入差距變化主要分為三個階段。第一階段：1978—1988年，行業收入差距為持續縮小階段。第二階段：1989—2002年，行業收入差距為逐步擴大階段。第三階段，2003—2014年，行業收入差距增長趨於平緩，且近幾年有下降趨勢。到2015年的短期預測中，行業收入差距增速緩慢；1978—2014年，低收入行業的行業收入相對穩定，農林牧漁業、住宿和餐飲業一直位於各行業收入低端，高收入行業向資金、技術密集型行業轉移；各省的橫截面行業收入差距存在地區差異，行業收入差距與各地區的經濟發展程度

及平均收入水平沒有完全的正相關關係；同一行業門類內部即行業大類行業收入差距很大，2014年製造業和交通運輸、倉儲和郵政業內部的行業收入極值比分別達到3.29和2.60；近些年，第三產業內行業收入差距較大，對總差距的貢獻率在55%左右，第二產業貢獻率在12%左右，不同產業組間差距貢獻率呈下降趨勢，表明產業間的收入差距在縮小；2000—2014年，國有單位內部行業收入差距變動較小，其他單位內部行業收入差距擴大迅速；壟斷行業內部收入差距逐步擴大，競爭性行業緩慢縮小，組間差距貢獻率呈下降趨勢；中國行業收入差距存在區域同步性以及全國、東部和西部的區域收斂性。

二、行業收入兩極分化研究結果

行業收入兩極分化和行業收入不平等是兩個不同的概念。通過利用不同測度指標研究發現：1978年以後，行業收入兩極分化呈擴大趨勢，其中1978—1991年，行業收入兩極分化變化不大，1992—2008年兩極分化擴大趨勢明顯；2008年各種指數達到最大值，然後開始逐步下降。另外基於行業收入的離散概率分布圖顯示沒有形成明顯對比的雙峰分布，因此不能絕對判定發生了兩極分化。最後經過對行業收入兩極分化和行業收入不平等的比較分析，發現兩者之間的變動趨勢沒有明顯差異。

三、行業收入差距的價值判斷

由於行業特點的不同和行業勞動付出的不同，行業收入差異的存在不可避免。行業收入差距中有合理的部分，也有不合理的部分。判斷行業收入公平與否，在微觀上主要看各行業職工的收入是否與其投入或貢獻相一致。利用影響行業收入水平的五因素（職業技能、勞動強度、勞

動環境、行業競爭風險、勞動責任）建立了一個模糊測評模型。經過比較發現，中國壟斷性行業和資金技術密集型行業的平均工資高於其合理水平，其中金融業收入差異的實際指數比合理指數高66.99%。而勞動密集型行業如農、林、牧、漁業，建築業等行業收入低於其合理水平，其中農、林、牧、漁業收入差異的實際指數比合理指數低45.18%。

四、行業收入差距的形成機理分析

　　本文從行業壟斷、行業人力資本差異、市場機制、行業差異和產業結構調整等不同角度對行業收入差距的成因進行了理論詮釋。在此基礎上把各行業城鎮就業人員平均工資的自然對數作為被解釋變量以描述行業間收入差距，將行業壟斷水平、人力資本水平、勞動生產率、行業規模、行業資本密集度和外商直接投資作為行業收入差距的影響因素，選用2004—2010年相關數據，運用計量經濟學中的面板數據模型，建立了中國的行業收入差距模型。根據分析，模型設定為固定效應變截距模型，模型總體擬合結果良好，在0.05的顯著性水平下，各個自變量都通過了顯著性檢驗。模型結果顯示，行業壟斷水平、人力資本水平和勞動生產率的不同對收入差距影響較大。勞動力受教育年限每提高1%，行業就業人員平均工資水平將提高1.93%；行業勞動生產率每上升1%，行業就業人員平均工資水平將上升0.17%；行業壟斷即國有控股投資額占行業總投資額比例提高1%時，該行業平均工資水平會提高0.14%。該實證結果基本支持行業收入差距的理論基礎，同時具有一定的啟示意義，即可以從降低行業壟斷水平、促進行業公平競爭、縮小行業人力資本水平差異以及提高落後行業的勞動生產率等各方面來緩解中國現階段的行業收入差距。

五、行業收入差距的效應分析

　　本研究利用計量經濟學中的平穩性檢驗、協整檢驗、格蘭杰因果關係檢驗、VAR 模型、面板模型和脈衝響應函數等方法，對行業收入差距和經濟增長之間的關係以及行業收入差距分別對產業結構、就業、金融發展和犯罪的影響進行了分析。結果顯示：全國範圍內、東部地區、中部地區和西部地區的行業收入差距與人均地區生產總值之間存在「倒 U」關係，且經濟越不發達地區，經濟增長所引起的行業收入差距越明顯；全國範圍內、東部地區、中部地區和西部地區的人均地區生產總值與行業收入差距之間存在反「倒 U」關係，且當行業收入差距指標泰爾指數大於 0.08 時，行業收入差距對經濟增長將產生負面效應。如按照這個標準來看，中國目前的行業收入差距還沒有達到對經濟增長產生負面作用的程度。行業收入差距和產業結構之間相互影響：產業結構水平對行業收入差距的短期效應為負，中期效應及總的效應均為正，行業收入差距的擴大有利於產業結構的優化。行業收入差距和失業率之間相互影響：失業率水平對行業收入差距的短期效應為正，中期效應為負，總體效應為正，即失業率提高擴大了行業收入差距，行業收入差距對失業率的效應為正，也就是說行業收入差距的擴大將導致失業率提高；金融發展是行業收入差距的 Granger 原因，中國金融發展對行業收入差距有正向影響，當金融發展（M2/GDP）提高 1%時，行業收入差距將會提高 1.35%；行業收入差距與犯罪率之間存在正相關關係，當行業收入差距提高 1%時，犯罪率將會提高 1.03%。

第二節　縮小中國行業收入差距的政策建議

一、規範壟斷行業收入分配

(一) 加快政府職能轉變，消除行政壟斷

當前中國政府對國有大型企業的運作仍有較強影響力，究其主要原因，一是政府職能轉變不到位，其利益依然和企業經營績效掛鉤；二是政府在國有企業的經營過程中角色定位不清晰，政府仍然具有對企業營運及任免重要管理者等的重大話語權。因此，在完善中國市場經濟體制過程中，消除行政壟斷、促進資源優化配置是降低行業收入差距的關鍵。首先，必須確立自由企業製度，推進政企分離，切斷企業、行業和政府之間的特殊聯繫，使企業不再在行政上隸屬於政府部門，在對國有資產保值增值的基礎上逐步形成自主經營、自負盈虧的經濟體。其次，按照市場經濟體制要求深化轉變政府職能，切實解決政府「越位」「錯位」問題，重新界定政府社會管理、公共服務和市場監管的職責和功能，實現政企分開，增強市場在資源配置中的作用。

(二) 加強壟斷行業薪酬控製

首先，政府可以直接干預壟斷性行業的收入分配，同時制定壟斷行業的工資水平和享有福利的範圍；規範工資外非貨幣收入分配秩序，對於壟斷行業所獲取的高額利潤，需按一定比例上交國家；遏制壟斷性行業亂收費行為，對於其用特殊地位進行干預市場規律、影響消費者利益的行為，政府要嚴加懲治。

其次，對壟斷行業的薪酬進行限高：一方面要限制壟斷企業高管的

收入，縮小其與普通員工的收入差距；另一方面要嚴格控製壟斷行業灰色收入和因為行政壟斷而帶來的尋租收入。

最後，改革壟斷行業的工資績效掛鉤方案。和競爭性行業不同，壟斷性行業員工的收入不應再和工效掛鉤，而是應結合企業自身特點，根據國家的經濟增長速度和當地企業的職工平均收入水平來決定壟斷性行業員工的收入，其收入可以略高於平均水平，但不應該長期處於最高水平。

(三) 制定反壟斷法等相關法律法規

為縮小行業間的收入差距，應該對壟斷行業進行改革，同時要起草相關的法律法規，成立專門的監管機構。監管機構的職能、監管方式、決策過程要有法律授權，提高監管機構的透明度與公眾參與程度，實行規範的聽證製度等。防止監管機構成為新的、阻礙市場發育的部門。依法禁止和防止壟斷是市場經濟下形成公平有效的競爭製度和秩序的根本性措施。對現行法律法規要及時進行修訂，包括修改和完善《電力法》《民用航空法》《鐵路法》等，避免部門利益被法制化；加快「電信法」「石油天然氣法」等的立法進程，以推進壟斷行業的改革。只有這樣，才能使中國的市場經濟在健康軌道中發展。另外，針對中國特殊國情下的行政壟斷造成的高收入，應盡快出抬「中華人民共和國反暴利法」，以具體法律條文限制暴利收入，同時政府要保證相關法律法規的真正實施。對自然壟斷和公共服務領域要實施價格聽證製度、成本公開審計和信息公開披露制。

(四) 加強壟斷行業稅收調控功能

稅收政策是調控行業收入差距的一個有效措施。首先，對於獲得政府支持的行政壟斷性企業，稅務機關要取消各項稅收優惠；其次，稅務機關要加強對壟斷行業、企業的日常經營活動中各項財務報表的監控，

建立壟斷行業特別是行政壟斷行業的信息披露製度，透明化壟斷行業的工資水平；最後，利用個人所得稅制突出檢查壟斷行業的個人高收入，並徵收高額稅收，同時稅務機關應加強壟斷行業工資外收入的預警監控機制，對逃稅漏稅等涉稅違法犯罪行為要進行嚴厲打擊。

二、縮小行業人力資本差異

人力資本差異是行業間收入差距產生的主要原因之一。因此，要縮小行業收入差距，政府應從各個方面加強人力資本的投入，特別是對於教育、培訓的投資力度，確保不同地區教育資源的效率與公平；同時完善勞動力市場，保證人力資源的自由流動，最大限度降低行業間人力資本差異。

(一) 普及教育，提高行業人均受教育機會

通過調查比較發現，人均受教育年限的不同是行業間職工收入差距的重要成因。比如信息傳輸、計算機服務和軟件業等高新行業，其行業特點決定了其員工綜合文化素質明顯較高；而低收入行業的勞動力文化素質普遍較低。因而針對這種情況，政府應採取措施普及教育，保證九年義務教育的充分落實，同時大力發展落後行業相對應的學校和專業，使各行業職工的受教育機會均等化，改變目前人均受教育水平相差過大的情況。

(二) 加強員工培訓，增強人力資本

目前，不同行業的培訓形式和機會存在很大差異，有些行業如國家事業單位、部分壟斷行業等，其職工擁有比別人更多的在職培訓機會；相反，傳統競爭性行業職工的在職培訓機會較少，這種在職接受培訓機會的不均等進一步加大了行業間的人力資本差異，並最終導致行業收入差距的擴大。另外，越是缺乏培訓意識的群體其文化水平越低，從而導

致勞動生產率水平低下。針對以上情況，政府各級部門應當加快發展針對低收入群體的各種培訓，如成人職業教育、職業技能培訓、再就業培訓等。

(三) 完善勞動力市場，優化人力資本配置

中國勞動力市場分割現象嚴重，因戶籍和現行醫療、養老等各種社會保障製度的限制，勞動力不能實現在不同市場中的自由流動。此外，壟斷行業也限制了其他行業的優秀人才流入。因而針對這種問題，政府應逐步取消戶籍限制，允許勞動者個人各項社會保障帳戶在不同區域的自由流動，同時要打破壟斷行業的門檻限制，採取相應政策措施促使壟斷行業內的就業機會向全社會公開。

當前，我們的人力資本分布也極不合理，綜合文化水平低的現狀還是很突出，尤其是第一產業的勞動力，其人力資本水平在所有行業中處於最低水平，嚴重影響中國第一產業生產效率的提高。因此，針對這種情況，政府應加大對第一產業的投資力度，提高農、林、牧、漁業專業技術人員的工資收入和待遇，增加該行業的培訓機會，促進人力資本的自由流動，改進人力資本的配置效率。

三、提高行業勞動生產率

行業勞動生產率是一個行業在市場中投入與產出的綜合反應。不同行業的勞動生產率不同，從而引起行業利潤率不同，並最終導致行業收入差距。因而落後行業應通過改進管理或採用先進生產技術來提高投入產出比，縮小與技術前沿之間的差距，提高行業生產效率，減少行業間的收入差距。

(一) 提高收入較低行業的科研技術水平

科學技術越是發展，而且越是被廣泛地運用於生產過程，勞動生產

率也就越高。因此政府可以通過加強對落後行業的資金和政策支持如減免稅收，鼓勵該類行業提高科研水平和知識產權的創新力度，行業本身也可以通過競爭、利用資本市場、學習國際國內成功經驗來提高自身的技術效率，進而提高行業的勞動生產率。

(二) 改善生產方式，提高生產過程中的組織和管理水平

中國農業生產方式落後，很多地區仍然沿用傳統落後的依靠人力和畜力的生產方式，已經嚴重落後於現代社會的發展水平，因此政府各級部門和農業生產者應聯合起來，通過製度改革和觀念創新，採用高效率的現代化生產方式來提高生產力，節省時間，提高勞動效率。同時相對落後行業應注重生產過程中勞動者的分工、協作和勞動組合，通過引進技術和高水平管理人員，改進工藝流程和經營管理方式，提高行業的勞動生產效率，以此來減少行業間的收入差距。

四、其他政策建議

(一) 發展第三產業，縮小行業收入差距

第三產業涉及範圍和領域廣泛，能夠大量吸收從第一和第二產業轉移出來的社會剩餘勞動力，因此多元化發展的第三產業有利於提高中下階層人群的收入水平，並在此基礎上縮小行業收入差距。中國實行社會主義市場經濟體制以來，第三產業發展迅速，近些年已占 GDP 比重的 40% 以上，但和發達國家的 70% 相差甚遠，也沒有達到全球 50% 的平均水平，因此中國第三產業整體發展水平還有待提高。除此之外，第三產業內部各行業發展也極不均衡，如信息技術、軟件類行業發展迅速，其職工工資相應較高，而如以住宿和餐飲業為代表的傳統行業，其職工收入水平較低。因此，發展第三產業可採取以下措施：各級政府和社會組織可以聯合起來，加大對第三產業的投資力度，並積極培植第三產業的

名牌企業，使其發揮榜樣示範作用；在確保產業內優勢行業持續快速發展的同時，加快新興行業的發展步伐，培育新的經濟增長點，同時積極轉變住宿、餐飲等傳統行業的經營模式，通過人才引進和培養，提高該類行業的經營管理水平和經濟收益以增加行業職工收入；建立和完善各類生產要素市場，加快第三產業相關法治建設，創造良好的投資環境，促進第三產業內部結構優化，實現各行業的協調均衡發展，從而緩解行業收入差距擴大問題。

(二) 完善工資製度，規範收入分配秩序

不合理的工資製度和不規範的收入分配秩序也是造成行業收入差距的重要原因。中國目前實行的是按勞分配為主體，多種分配形式並存的分配製度，同時強調效率和公平的協調性。但實際上很多行業特別是國有事業單位和壟斷性行業工資製度不完善，收入分配秩序混亂。針對此類現象，應實行嚴格的收費成本核算、價格聽證製度，接受社會監督，將職工的貨幣外的福利收入轉換為貨幣收入，使職工收入透明化和公開化，並對工資外收入實施合理經濟監控。另外，要積極推動中國收入分配製度改革和勞動法的實施，在二次分配和三次分配領域，運用稅收、社會福利轉移等手段，控製過高收入，保障最低收入，打擊非法收入，清理整頓不合理收入，保護勞動者的合法收入，從而形成規範合理的收入分配秩序，達到縮小行業收入差距的目的。

(三) 構建完善的社會保障製度

目前，中國社會保障製度體系基本框架已經形成並正在發揮重要的作用，但整個製度還未定型。在這樣的背景下，逐漸擴大的行業收入差距不利於社會穩定團結，其負面效應非常明顯。對此，政府應採取各項積極措施，完善社會保障體系。堅持社會統籌和個人帳戶相結合，完善職工基本養老保險製度；進一步推進醫療保險製度改革；繼續做好城市

居民最低生活保障的落實工作，完善社會救助製度；加快建立對城市失業人員的養老保險、醫療保險和最低生活保障製度，形成覆蓋全民的社會保障體系。適當提高社會保障標準，如提高職工最低工資標準、居民的最低生活保障補助標準等。

(四) 成立專門負責治理收入分配問題的機構

黨和國家一直都比較關注收入分配問題，2006年國家就針對收入分配改革問題進行過專門研究，中央有關文件也一直都把收入分配作為改革的重點，但是沒有形成一個常規機制，缺乏管理機構。目前政府機構中承擔收入分配政策起草的主要是國家發展改革委員會、民政部、財政部、勞動保障部、國資委等部委下設的有關司局。如果能夠籌建國務院直屬層級的議事機構，將現有部門和職能統一起來，並在地方設置相應機構，將產業機構升級、行業市場結構和收入分配問題通盤規劃，這樣可以增強收入分配調控政策的實施力度和有效性，從而降低行業間的收入差距。

第三節　研究展望

首先，本書在研究行業收入差距時仍然採用原先被廣泛使用的一些指標。這些指標雖然各有其特點，但是仍存在著一定的不足，在綜合反應行業收入差距方面尚有欠缺。在此基礎上，今後可以進一步對行業收入差距的測度指標進行創新性研究。

其次，對行業收入差距的價值判斷部分研究比較薄弱。雖然本書在此方面的分析有一定的突破，但分析的深度遠遠不夠，研究不同標準下行業收入差距的合理上下限值也是今後繼續研究的一個方向。

最後，製度變遷是行業收入差距變化的一個重要原因。在中國不同歷史階段，收入分配政策以及產權製度、財稅體制等製度都有不同變化，這些變化對行業收入都產生了直接或間接的影響，導致了行業收入差距的變化。而本書缺乏在這個視角上的分析，在以後的學習研究中，可以對此進行有益的探索。

附录　　　各省（市、自治区）行业收入差距泰尔指数数值（1987—2014 年）

	北京	天津	河北	山西	内蒙古	辽宁	吉林	黑龙江	上海	江苏	浙江	安徽	福建	江西	山东	河南
1987	0.004,1	0.012,8	0.004,3	0.007,8	0.008,9	0.004,5	0.004,2	0.008,6	0.003,7	0.002,6	0.002,6	0.005,2	0.004,2	0.005,7	0.005,2	0.005,9
1988	0.002,9	0.002,6	0.004,2	0.008,9	0.010,0	0.005,4	0.005,0	0.010,7	0.003,7	0.002,8	0.001,5	0.005,4	0.004,9	0.005,5	0.004,4	0.006,2
1989	0.003,6	0.002,4	0.006,7	0.013,0	0.011,8	0.007,1	0.006,3	0.010,6	0.005,4	0.003,4	0.002,1	0.007,2	0.005,8	0.007,6	0.005,7	0.008,5
1990	0.003,1	0.002,1	0.007,2	0.012,7	0.011,3	0.007,6	0.006,8	0.011,0	0.003,6	0.003,0	0.002,2	0.007,0	0.005,0	0.007,7	0.005,0	0.009,5
1991	0.002,9	0.003,1	0.007,1	0.013,9	0.011,9	0.008,0	0.007,3	0.010,6	0.003,3	0.004,0	0.002,5	0.007,0	0.005,3	0.008,0	0.005,0	0.010,2
1992	0.003,2	0.002,8	0.010,8	0.011,4	0.014,4	0.011,2	0.011,3	0.013,8	0.002,7	0.004,8	0.002,9	0.007,7	0.006,0	0.010,6	0.006,6	0.015,6
1993	0.002,7	0.007,0	0.016,0	0.025,2	0.021,1	0.023,7	0.016,8	0.033,0	0.006,6	0.006,9	0.032,0	0.019,4	0.008,2	0.017,8	0.014,5	0.020,6
1994	0.002,1	0.008,8	0.017,3	0.030,5	0.032,0	0.022,3	0.024,3	0.037,6	0.008,2	0.011,9	0.010,2	0.021,1	0.013,4	0.024,4	0.020,1	0.026,5
1995	0.004,5	0.012,2	0.018,7	0.033,8	0.032,3	0.021,4	0.023,5	0.032,6	0.006,5	0.009,9	0.009,1	0.023,0	0.014,0	0.012,2	0.018,2	0.024,3
1996	0.005,5	0.015,1	0.022,6	0.038,2	0.029,5	0.026,2	0.017,7	0.035,0	0.007,5	0.013,1	0.011,0	0.021,0	0.012,9	0.009,7	0.025,8	0.025,5
1997	0.009,8	0.017,7	0.023,8	0.044,5	0.031,8	0.033,8	0.021,9	0.041,3	0.018,6	0.018,8	0.014,5	0.020,6	0.014,5	0.011,7	0.032,8	0.031,7
1998	0.009,3	0.012,8	0.019,3	0.030,4	0.027,7	0.019,9	0.017,9	0.026,4	0.009,8	0.018,0	0.014,6	0.014,2	0.013,1	0.020,0	0.029,2	0.020,6
1999	0.011,4	0.012,5	0.020,3	0.026,0	0.028,3	0.020,6	0.019,3	0.028,3	0.011,5	0.020,2	0.015,8	0.015,3	0.014,0	0.021,1	0.029,9	0.023,3
2000	0.013,5	0.012,3	0.021,4	0.021,6	0.028,9	0.021,3	0.020,7	0.030,1	0.013,2	0.022,4	0.017,0	0.016,3	0.014,8	0.022,3	0.030,7	0.026,1
2001	0.023,7	0.016,8	0.024,1	0.024,1	0.036,7	0.024,5	0.024,7	0.031,9	0.015,7	0.029,4	0.030,9	0.021,8	0.022,3	0.027,1	0.033,6	0.022,5
2002	0.038,5	0.014,7	0.025,8	0.025,4	0.035,3	0.029,1	0.027,0	0.037,9	0.015,2	0.029,1	0.035,9	0.024,4	0.022,3	0.023,1	0.035,2	0.019,2
2003	0.060,5	0.018,3	0.026,7	0.024,5	0.034,3	0.036,7	0.027,8	0.050,2	0.017,3	0.031,3	0.052,4	0.023,9	0.027,0	0.022,1	0.032,4	0.021,8
2004	0.068,7	0.023,6	0.027,4	0.031,0	0.039,3	0.036,7	0.033,4	0.052,4	0.014,3	0.035,5	0.080,0	0.028,2	0.028,6	0.021,6	0.033,5	0.023,5
2005	0.075,9	0.031,1	0.032,3	0.035,5	0.040,6	0.038,4	0.032,6	0.054,9	0.020,6	0.041,8	0.091,4	0.030,2	0.033,6	0.023,8	0.034,6	0.025,2
2006	0.079,0	0.039,1	0.034,5	0.039,4	0.040,2	0.037,7	0.026,9	0.051,1	0.024,2	0.042,7	0.094,2	0.034,2	0.035,2	0.022,9	0.030,6	0.024,7
2007	0.071,8	0.038,6	0.036,8	0.039,0	0.039,8	0.042,6	0.028,6	0.051,5	0.039,4	0.044,8	0.095,7	0.033,9	0.040,5	0.025,9	0.031,7	0.026,0
2008	0.089,5	0.046,8	0.037,0	0.042,9	0.040,4	0.047,0	0.023,9	0.049,0	0.056,0	0.048,8	0.097,2	0.035,9	0.045,2	0.022,2	0.031,2	0.024,6
2009	0.073,6	0.043,0	0.030,6	0.043,7	0.036,9	0.038,4	0.022,6	0.063,9	0.060,0	0.045,3	0.091,7	0.029,4	0.042,4	0.015,6	0.027,2	0.022,3
2010	0.073,0	0.043,9	0.031,5	0.056,8	0.034,2	0.038,8	0.023,3	0.059,9	0.064,9	0.042,7	0.086,8	0.031,6	0.037,7	0.015,6	0.026,1	0.022,7
2011	0.064,9	0.045,3	0.032,8	0.065,8	0.031,0	0.035,8	0.021,7	0.057,5	0.057,6	0.041,2	0.076,4	0.025,9	0.026,9	0.014,1	0.023,6	0.020,6
2012	0.062,9	0.035,1	0.030,5	0.059,4	0.027,2	0.036,1	0.020,8	0.040,8	0.059,2	0.037,2	0.064,1	0.020,9	0.024,2	0.012,4	0.021,9	0.017,9
2013	0.061,1	0.031,7	0.028,1	0.047,0	0.027,5	0.029,9	0.020,4	0.034,9	0.057,8	0.021,5	0.055,3	0.017,5	0.023,4	0.012,5	0.018,7	0.015,3
2014	0.063,5	0.033,9	0.027,6	0.034,3	0.023,0	0.032,6	0.021,9	0.031,0	0.054,9	0.021,0	0.052,7	0.014,7	0.021,4	0.010,3	0.018,1	0.013,3

續表

各省（市、自治區）行業收入差距泰爾指數值（1987—2014 年）

	湖北	湖南	廣東	廣西	海南	重慶	四川	貴州	雲南	西藏	陝西	甘肅	青海	寧夏	新疆
1987	0.004,9	0.002,6	0.009,6	0.002,4	—	—	0.004,6	0.003,9	0.004,2	0.006,9	0.004,4	0.005,6	0.006,8	0.009,2	0.014,8
1988	0.005,7	0.004,3	0.006,0	0.002,8	0.026,0	—	0.003,5	0.004,8	0.004,0	0.006,3	0.004,6	0.004,7	0.008,5	0.009,8	0.020,8
1989	0.007,5	0.004,7	0.007,2	0.003,5	0.039,2	—	0.004,5	0.007,7	0.006,2	0.005,1	0.005,6	0.005,6	0.009,8	0.013,2	0.021,4
1990	0.006,7	0.005,1	0.006,7	0.003,6	0.045,2	—	0.004,8	0.008,2	0.006,7	0.006,1	0.006,6	0.005,3	0.011,8	0.013,4	0.019,5
1991	0.009,1	0.005,0	0.008,4	0.012,1	0.043,8	—	0.005,5	0.007,2	0.007,1	0.004,8	0.006,5	0.005,9	0.010,1	0.014,9	0.023,1
1992	0.009,4	0.004,3	0.008,3	0.004,8	0.072,1	—	0.006,2	0.009,1	0.007,5	0.004,6	0.007,9	0.011,5	0.013,1	0.013,6	0.031,8
1993	0.011,2	0.011,4	0.010,5	0.006,8	0.141,5	—	0.005,9	0.014,4	—	0.006,5	0.015,5	0.011,7	0.029,5	0.027,7	0.049,4
1994	0.020,6	0.015,6	0.012,4	0.009,1	0.128,0	—	0.012,7	0.013,8	0.008,9	0.032,3	0.020,2	0.023,7	0.029,8	0.035,4	0.044,6
1995	0.014,4	0.012,0	0.012,2	0.011,0	0.092,1	—	0.010,6	0.015,4	0.010,8	0.015,6	0.016,4	0.016,6	0.033,0	0.027,9	0.033,5
1996	0.017,8	0.017,1	0.016,8	0.011,9	0.084,7	—	0.011,5	0.014,2	0.008,2	0.045,2	0.019,2	0.017,5	0.042,3	0.030,2	0.038,2
1997	0.022,5	0.025,0	0.020,8	0.018,1	0.093,4	0.012,1	0.015,3	0.016,4	0.008,2	0.028,7	0.023,9	0.021,9	0.046,9	0.039,0	0.043,0
1998	0.020,0	0.019,0	0.017,3	0.020,1	0.085,4	0.010,3	0.013,9	0.016,0	0.009,7	0.026,0	0.023,0	0.018,3	0.045,2	0.027,0	0.046,5
1999	0.021,2	0.020,5	0.019,0	0.020,5	0.090,8	0.010,2	0.014,5	0.016,7	0.010,2	0.028,5	0.020,6	0.016,3	0.049,9	0.029,5	0.043,4
2000	0.022,3	0.022,1	0.020,7	0.021,0	0.096,1	0.010,1	0.015,2	0.017,4	0.010,7	0.030,9	0.017,7	0.014,3	0.054,5	0.032,0	0.040,2
2001	0.023,7	0.017,0	0.026,4	0.021,7	0.109,2	0.012,4	0.019,9	0.016,9	0.010,0	0.038,2	0.018,7	0.018,5	0.040,9	0.032,2	0.055,3
2002	0.024,1	0.019,1	0.032,1	0.021,1	0.110,5	0.016,3	0.021,6	0.017,6	0.012,2	0.030,4	0.018,0	0.019,7	0.032,4	0.032,5	0.052,3
2003	0.023,9	0.023,6	0.041,6	0.023,4	0.097,9	0.018,8	0.023,2	0.016,5	0.010,9	0.031,9	0.023,8	0.016,9	0.026,8	0.029,4	0.034,6
2004	0.026,7	0.018,3	0.045,7	0.024,4	0.085,2	0.021,8	0.024,9	0.021,7	0.013,6	0.045,7	0.024,5	0.018,1	0.030,2	0.028,9	0.040,4
2005	0.027,1	0.017,0	0.050,5	0.021,8	0.102,0	0.024,5	0.027,7	0.026,3	0.018,7	0.034,0	0.029,7	0.020,9	0.029,1	0.045,7	0.041,3
2006	0.029,7	0.016,4	0.054,0	0.022,7	0.098,5	0.026,6	0.026,6	0.024,6	0.019,1	0.039,6	0.030,6	0.021,5	0.027,2	0.061,2	0.041,4
2007	0.028,4	0.017,0	0.063,1	0.025,6	0.093,0	0.027,9	0.030,0	0.030,3	0.026,9	0.047,3	0.033,1	0.019,9	0.028,8	0.053,3	0.049,8
2008	0.021,9	0.016,5	0.067,5	0.031,8	0.080,7	0.033,5	0.032,6	0.031,4	0.032,6	0.034,2	0.035,7	0.023,8	0.030,3	0.056,2	0.052,7
2009	0.018,3	0.014,8	0.060,3	0.026,9	0.078,2	0.027,5	0.024,9	0.020,0	0.035,0	0.029,6	0.025,1	0.022,9	0.026,4	0.049,6	0.044,7
2010	0.014,8	0.015,0	0.054,9	0.025,5	0.057,2	0.027,6	0.025,2	0.022,4	0.034,3	0.042,2	0.026,5	0.016,3	0.022,9	0.061,4	0.040,6
2011	0.011,7	0.016,6	0.048,8	0.024,1	0.047,7	0.028,2	0.024,9	0.022,1	0.033,5	0.033,0	0.023,2	0.021,0	0.020,3	0.055,0	0.043,3
2012	0.012,1	0.016,9	0.039,9	0.022,4	0.047,5	0.031,9	0.025,2	0.019,6	0.032,9	0.038,2	0.019,9	0.015,6	0.016,5	0.038,1	0.043,1
2013	0.011,6	0.019,5	0.036,6	0.022,8	0.035,2	0.025,2	0.022,8	0.023,2	0.033,3	0.047,1	0.024,8	0.015,0	0.020,6	0.037,4	0.035,4
2014	0.012,8	0.019,6	0.031,2	0.022,0	0.035,4	0.028,7	0.022,3	0.024,8	0.032,4	0.038,7	0.023,8	0.015,1	0.019,4	0.033,2	0.032,7

參考文獻

白雪梅. 2004. 教育與收入不平等：中國的經驗研究 [J]. 管理世界 (6)：53-58.

白玉紅. 2006. 中國行業間收入差距 [J]. 集團經濟研究 (11)：37-38.

蔡昉, 林毅夫. 2003. 中國經濟 [M]. 北京：中國財政經濟出版社.

蔡昉. 1996. 行業間工資差異的成因與變化趨勢 [J]. 財貿經濟 (11)：3-5.

陳春良, 易君健. 2009. 收入差距與刑事犯罪：基於中國省級面板數據的經驗研究 [J]. 世界經濟研究 (1)：13-25.

陳菲. 2003. 行業收入差距與第三產業發展 [J]. 商業經濟文萃 (5)：13-16.

陳彥玲, 陳首麗. 2006. 國有壟斷行業職工收入水平基本分析 [J]. 統計研究 (8)：76-77.

陳玉宇, 王志剛, 魏眾. 2004. 中國城鎮居民20世紀90年代收入不平等及其變化——地區因素、人力資本在其中的作用 [J]. 經濟科學 (6)：16-25.

陳釗, 萬光華, 陸銘. 2010. 行業間不平等：日益重要的城鎮收入差距成因——基於迴歸方程的分解 [J]. 中國社會科學 (3)：65-76.

陳宗勝. 2000. 收入差異、貧困及失業 [M]. 天津：南開大學出版

社.

陳宗勝，周雲波. 2002. 再論改革與發展中的收入分配：中國發生兩極分化了嗎？［M］. 北京：經濟科學出版社：307-313.

杜輝. 2008. 行業收入合理差距的界定和測算方法——以大連市為例［J］. 大連幹部學刊（7）：18-20.

杜健，張大亮，顧華. 2006. 中國行業收入分配實證分析［J］. 山西財經大學學報（12）：73-78.

杜鵬. 2005. 中國教育發展對收入差距影響的實證分析［J］. 南開經濟研究（4）：47-52.

馮素杰. 2008. 論產業結構變動與收入分配狀況的關係［J］. 中央財經大學學報（8）：50-56.

傅娟. 2008. 中國壟斷行業的高收入及其原因：基於整個收入分布的經驗研究［J］. 世界經濟（7）：67-77.

伏帥，龔志民. 2008. 中國行業收入差距的成因及其經濟增長效應［J］. 山西財經大學學報（12）：22-27.

甘春華. 2008. 行業工資差距研究述評［J］. 開放導報（2）：97-99.

高鐵梅. 2006. 計量經濟分析方法與建模 Eviews 應用及實例［M］. 北京：清華大學出版社.

顧嚴，馮銀虎. 2008. 中國行業收入分配發生兩極分化了嗎？——來自非參數 Kernel 密度估計的證據［J］. 經濟評論（4）：5-13.

郭娜，祈懷錦. 2010. 中國行業收入差距與經濟增長關係的實證分析［J］. 統計與決策（14）：88-91.

郭秀雲，佟薇，陶然，等. 2009. 中國行業收入差距的現狀及其測度研究［J］. 現代商貿工業（8）：21-22.

洪興建，李金昌. 2007. 兩極分化測度方法述評與中國居民收入兩極分化 [J]. 經濟研究（11）：139-152.

胡愛華，曾憲初，張潔燕，等. 2008. 中國行業收入差距的演進及其分解分析 [J]. 統計與決策（18）：90-92.

胡靜波，李立. 2002. 中國壟斷行業收入分配存在的問題與對策 [J]. 經濟縱橫（11）：31-34.

胡聯合，胡鞍鋼，徐紹剛. 2005. 貧富差距對違法犯罪活動影響的實證分析 [J]. 管理世界（6）：34-44.

胡培兆. 2003. 共同富裕與良性兩極分化 [J]. 理論前沿（22）：27-29.

黃少安，陳屹立. 2007. 宏觀經濟因素與犯罪率：基於中國1978—2005的實證研究 [R]. 山東大學經濟研究院.

黃忠芳. 2002. 按生產要素分配會導致兩極分化嗎？[J]. 生產力研究（2）：57-59.

惠寧，郭淑娟. 2012. 行業壟斷與行業收入差距研究 [J]. 山西財經大學學報（8）：21-30.

姜付秀，餘暉. 2007. 中國行政性壟斷的危害——市場勢力效應和收入分配效應的實證研究 [J]. 中國工業經濟（10）：71-78.

靳衛東. 2007. 人力資本需求與工資差距：技術、貿易和收入的影響 [J]. 經濟經緯（1）：94-100.

金玉國. 2001. 行業所有制壟斷與行業勞動力價格 [J]. 山西財經大學學報（6）：11-14.

金玉國. 2001. 行業工資水平與壟斷程度的定量測度 [J]. 統計與決策（2）：32-33.

金玉國. 2005. 工資行業差異的製度詮釋 [J]. 統計研究（4）：10

-15.

金玉國, 王曉紅. 2001. 中國行業工資差異之演進及其原因 [J]. 財經理論與實踐 (2): 96-99.

金玉國, 張偉, 康君. 2003. 市場化進程中的行業工資決定假說及其數量檢驗 [J]. 數量經濟技術經濟研究 (5): 99-102.

李布和, 陶繼坤. 2009. 中國社會保障製度對行業收入差距的影響及對策 [J]. 經濟縱橫 (4): 26-28.

李昌和. 2004. 合理調節壟斷性行業過高收入的思考 [J]. 陝西青年管理幹部學院學報 (1): 31-33.

李實, 趙人偉. 1999. 中國居民收入分配再研究 [J]. 經濟研究 (4): 3-17.

李實, 趙人偉. 2006. 收入差距還會持續擴大嗎 [J]. 理論參考 (7): 44-46.

李實, 趙人偉, 張平. 1998. 中國經濟改革中的收入分配變動 [J]. 管理世界 (1): 43-56.

李曉寧. 2007. 關於行業工資差距與行業壟斷的研究 [J]. 經濟問題 (7): 19-22.

李曉寧. 2008. 中國勞動力工資收入差距的統計分析——對工資基尼系數的測算與分解 [J]. 財經問題研究 (2): 110-115.

李曉寧, 邱長溶. 2007. 轉軌時期中國行業工資差距的實證研究 [J]. 山西財經大學學報 (6): 48-54.

梁向東, 喬洪武. 2008. 中國經濟增長的滴漏效應研究——基於動態計量模型的分析 [J]. 經濟評論 (3): 54-59.

廖建橋. 2003. 知識經濟時代的兩極工資理論 [J]. 華中科技大學學報 (2): 35-38.

劉俊霞. 2004. 論資源分配與收入分配的關係 [J]. 中南財經政法大學學報 (5): 9-14.

劉培林, 宋湛. 2002. 工資黏性: 基於中國不同行業的比較研究 [J]. 經濟評論 (5): 47-50.

劉生龍. 2007. 收入不平等與經濟增長的關係 [J]. 經濟科學 (3): 16-25.

劉生龍. 2008. 教育和經驗對中國居民收入的影響——基於分位數迴歸和審查分位數迴歸的實證研究 [J]. 數量經濟技術經濟研究 (4): 75-85.

劉小玄, 曲玥. 2008. 中國工業企業的工資差異研究——檢驗市場分割對工資收入差距的影響效果 [J]. 世界經濟文匯 (5): 58-76.

魯曉東. 2007. 中國對外開放與收入差距: 基於地區和行業的考察 [J]. 世界經濟研究 (8): 3-10.

陸銘, 陳釗, 萬廣華. 2005. 因患寡, 而患不均——中國的收入差距、投資、教育和增長的相互影響 [J]. 經濟研究 (12): 4-14.

羅楚亮. 2010. 居民收入分布的極化 [J]. 中國人口科學 (6): 49-59.

羅楚亮, 李實. 2007. 人力資本、行業特徵與收入差距——基於第一次全國經濟普查資料的經驗研究 [J]. 管理世界 (10): 19-30.

羅軍. 2008. 產業結構與收入分配關係研究綜述 [J]. 鄭州大學學報 (哲學社會科學版), 5: 72-74.

呂康銀, 王文靜. 2008. 中國行業間工資差異的測度與分解 [J]. 求索 (7): 24-26.

潘勝文. 2008. 典型壟斷行業職工收入狀況的實證分析 [J]. 湖北社會科學 (9): 99-121.

裴霞，張賢澳. 2005. 從人力資本差異看地區收入差異［J］. 福建農林大學學報（哲學社會科學版），8（4）：50-52.

彭璧玉. 2000. 現代工資決定理論的新發展［J］. 南方經濟，6：57-60.

喬繼紅. 2004. 海南省人力資本回報率的實證分析［J］. 市場與人口分析（10）：26-30.

屈耀輝. 2001. 淺析居民收入分配不平等對中國產業結構演進的影響［J］. 經濟師（2）：15-18.

任重，周雲波. 2009. 壟斷對中國行業收入差距的影響到底有多大？［J］. 經濟理論與經濟管理（4）：25-30.

史先誠. 2007. 行業間工資差異和壟斷租金分享［J］. 上海財經大學學報（2）：66-73.

蘇雪串. 2002. 城市化與城鄉收入差距［J］. 中央財經大學學報（3）：42-45.

孫居濤. 2005. 合理調整分配格局，逐步實現共同富裕［J］. 武漢大學學報（3）：343-350.

萬廣華. 2008. 不平等的度量與分解［J］. 經濟學季刊，8（1）：347-367.

汪雷，張武強. 2006. 行業間居民收入差距的現狀成因及對策［J］. 銅陵學院學報（5）：15-16.

汪同三，蔡躍洲. 2006. 改革開放以來收入分配對資本累積及投資結構的影響［J］. 中國社會科學（1）：3-17.

王軍，張蘊萍. 2005. 自然壟斷行業收入過高的製度性根源［J］. 新疆財經學院學報（2）：5-9.

王明華. 2003. 論收入差距與兩極分化之關係［J］. 經濟問題（9）：

2-5.

王銳. 2007. 壟斷對中國行業收入分配的影響及對策研究 [J]. 經濟問題（2）：50-52.

王少平，歐陽志剛. 2007. 中國城鄉收入差距的度量及其對經濟增長的效應 [J]. 經濟研究（10）：44-55.

王少平，歐陽志剛. 2008. 中國城鄉收入差距對實際經濟增長的閾值效應 [J]. 中國社會科學（2）：54-66.

王小魯. 2010. 國民收入分配狀況與灰色收入 [EB/OL]. http://www.cser.org.cn/zt/121.aspx, 03-26.

王曉英. 2000. 中國行業間職工收入差距分析 [J]. 山西財經大學學報（5）：46-48.

王中華，王雅琳，趙曙東. 2009. 國際垂直專業化與工資收入差距——基於工業行業數據的實證分析 [J]. 財經研究（7）：122-133.

王祖祥. 2006. 中部六省基尼系數的估算研究 [J]. 中國社會科學（7）：77-87.

武鵬. 2010. 中國行業收入差距研究述評 [J]. 上海經濟研究（8）：60-70.

肖玉明. 2004. 論社會公平與收入分配——關於中國目前分配秩序的整合 [J]. 長白學刊（2）：86-92.

刑方. 2006. 中國現階段行業收入差距的經濟分析 [J]. 企業經濟（8）：13-15.

徐現祥，王海港. 2008. 中國初次分配中的兩極分化及成因 [J]. 經濟研究（2）：106-118.

許成安，汪淑珍，張瑶. 2009. 東西部行業收入差距的差異比較分析兼論政府干預對庫兹涅茨曲線的影響 [J]. 財政研究（2）：32-36.

荀關玉. 2005. 中國行業合理收入差距的價值判斷 [J]. 曲靖師範學院學報 (1): 14-19.

嚴善平. 2007. 人力資本、製度與工資差異——對大城市二元勞動力市場的實證分析 [J]. 管理世界 (6): 4-13.

楊新銘, 羅潤東. 2008. 技術進步條件下農村人力資本與收入差距的互動機制 [J]. 數量經濟技術經濟研究 (1): 74-84.

楊宜勇. 2005. 收入分配體制改革攻堅 [M]. 北京: 中國水利水電出版社.

姚芳, 姚萍, 孫林岩. 2004. 中國行業間工資合理比例關係研究 [J]. 山西財經大學學報 (6): 48-50.

姚耀軍. 2005. 金融發展與城鄉收入差距關係的經驗分析 [J]. 財經研究 (2): 49-59.

尹希果, 陳剛, 程世騎. 2007. 中國金融發展與城鄉收入差距關係的再檢驗——基於面板單位根和 VAR 模型的估計 [J]. 當代經濟科學 (1): 15-24.

於學軍. 2000. 城市經濟轉型時期人力資本回報率研究 [J]. 市場與人口研究 (1): 2-11.

岳希明, 李實, 史泰麗. 2010. 壟斷行業高收入問題探討 [J]. 中國社會科學 (3): 77-222.

張車偉. 2008. 人力資本回報率變化與收入差距: 馬太效應及其政策含義 [J]. 經濟研究 (12): 59-70.

張大軍. 2005. 構建和諧社會與收入分配合理化 [J]. 中共中央黨校學報 (3): 64-69.

張鳳林. 2006. 人力資本理論及其應用研究 [M]. 北京: 商務印書館.

張奎, 王祖祥. 2009. 收入不平等與兩極分化的估算——以上海城鎮為例 [J]. 統計研究 (8): 77-80.

張世銀, 龍瑩. 2010. 中國收入差距擴大的影響因素及其實證分析——以行業收入變動為視角 [J]. 經濟經緯 (4): 20-24.

張秀英. 2007. 居民收入分配差距擴大對經濟增長的效用分析 [J]. 哈爾濱工業大學學報 (11): 139-142.

張雅光, 田玉敏, 李秀玲. 2003. 行業職工收入分配差距及調控對策分析 [J]. 管理現代化 (1): 7-10.

張耀輝. 2002. 收入差距消除與城市化及產業結構選擇 [J]. 中央財經大學學報 (3): 38-41.

張餘文. 2010. 中國行業收入差距的實證分析 [J]. 經濟理論與經濟管理 (8): 20-24.

張原, 陳建奇. 2008. 人力資本還是行業特徵: 中國行業間工資回報差異的成因分析 [J]. 世界經濟 (5): 68-80.

趙振華. 2003. 重視解決收入差距擴大問題 [N]. 人民日報, 12-25.

鄭新廣, 鄭文. 2007. 金融資源配置與收入差距 [J]. 財經論叢 (3): 35-40.

鐘春平. 2004. 創造性破壞與收入差距的振蕩擴大: 基於中國行業工資的經驗分析 [J]. 上海經濟研究 (2): 3-10.

朱明, 吳偉. 2007. 中國城鎮居民收入差距問題研究 [J]. 邊疆經濟與文化 (2): 72-73.

朱琪, 陳樂優. 2009. 壟斷行業工資改革的可行性研究——基於國際壟斷行業視角 [J]. 財經科學 (1): 88-95.

宗文英, 趙建國. 2000. 行業收入差異及其矯正 [J]. 經濟研究參

考（36）：45-48.

宗毅君. 2008. 國際產品內分工與工資收入——基於中國工業行業面板數據的經驗研究［J］. 財貿經濟（4）：107-121.

Akerlof G A. 1982. Labor Contracts as Partial Gift Exchange［J］. The Quarterly Journal of Economics, 97（4）：543-569.

Akerlof G A. 1984. Gift Exchange and Efficiency-Wage Theory: Four Views［J］. American Economic Review, 174（2）：79-83.

Akerlof G A, Yellen J L. 1990. The Fair Wage-Effort Hypothesis and Unemployment［J］. The Quarterly Journal of Economics, 105（2）：255-283.

Archibald G C. 1995. Inventory Investment and the Share of Wages in Manufacturing Income［J］. The Economic Journal, 65：257-270.

Becker G S. 1962. Investment in Human Capital: A Theoretical Analysis［J］. The Journal of Political Economy, 70（5）：9-49.

Beck T, Demirguc-Kunt A, Levine R. 2004. Finance, Inequality, and Poverty: Cross-Country Evidence［J］. NBER Working Paper No. 10979.

Benabou R. 1996. Inequality and Growth［J］. NBER Macroeconomics Annual, 11：11-92.

Blackaby D H, Murphy P D. 1991. Industry Characteristics and Inter-regional Wage Difference［J］. Scottish Journal of Political Economy, 38（2）：142-161.

Bound J, Johnson G. 1995. What Are the Cause of Rising Wage Inequality in the United States［J］. Economic Policy Review, 1（1）：61-75.

Brown C, Medoff J. 1989. The Employer Size and Wage Effect［J］. Journal of Political Economy, 97（5）：1027-1059.

Caju P D, Ktay G, Lamo A, Nicolitsas D. Poelhekkes. 2010. Inter-Industry Wage Differentials in E. U. Countries: What Do Cross – country Time Varying Data Add to the Picture? [J]. Journal of the European Economic Association, 8 (2): 478-486.

Chakravarty S R, et al. 2007. A Treatment of Absolute Indices of Polarization [J]. The Japanese Economic Review, 58 (2): 273-293.

Clarke G. 1995. More Evidence on Income Distribution and Growth [J]. Journal of Economics Development, 47 (2): 403-427.

Clarke G, Xu L C, Zou H F. 2006. Finance and Income Inequality: What do the Data Tell Us? [J]. South Economic Journal, 72 (3): 578-596.

Cowell F A. 1985. Multilevel Decomposition of Theil's Index of Inequality [J]. Review of Income and Wealth, 31: 201-205.

Deninger K, Squire L. 1996. A New Data Set Measuring Income Inequality [J]. The World Bank Economic Review, 10 (3): 565-591.

Dickens W T, Katz L F. 1986. Interindustry Wage Differences and Industry Characteristics [R]. NB: ER Working Paper No. 2014.

Droucopoulos V, et al. 1992. Labor's Share and Market Power: Evidence from the Greek Manufacturing Industries [J]. Journal of Post Keynesian Economics, 15: 263-280.

Duclos J-Y, Echevin D. 2005. Bi-polarization Comparisons [J]. Economics Letters, 87: 249-258.

Esteban J, Ray D. 1994. On the Measurement of Polarization [J]. Econometrica, 62: 819-851.

Fishman A, Simhon A. 2002. The Division of Labor, Inequality and

Growth [J]. Journal of Economic Growth, 7: 117-136.

Foster J E. 1983. An Axiomatic Characterization of the Theil Measure of Income Inequality [J]. Journal of Economic Theory, 31: 105-121.

Foster J, et al. 1984. A Class of Decomposable Poverty Measures [J]. Econometrica, 52: 761-766.

Freeman R B, Medoff J. 1981. The Impact of the Percentage Organized on Union and Nonunion Wages [J]. The Review of Economics and Statistics, 63 (4): 61-572.

Gary S Becker. 1968. Crime and Punishment: An Economic Approach [J]. Journal of Political Economy, 76 (2): 169-217.

Gibbons R, Katz L F. 1992. Does Unmeasured Ability Explain Inter-industry Wage Differentials? [J]. Review of Economic Studies, 59 (3): 515-535.

Gibbons R, Katz L F, Lemieux T, Parent D. 2005. Comparative Advantage, Learning, and Sectoral Wage Determination [J]. Journal of Labor Economics, 23 (4): 681-724.

George S. 2004. Violent Crime in the United States of America: A Time-Series Analysis Between 1960-2000 [J]. European Journal of Law and Economics, 18 (2): 203-221.

Gittleman M, Wolff E N. 1993. International Comparisions of Inter-industry Wage Differentials [J]. Review of Income and Wealth, 93 (3): 295-312.

Greenwood J, Jovanovic B. 1990. Financial Development Growth and the Distribution of Income [J]. Journal of Political Economy, 98 (5): 1076-1107.

Guvenen F. 2009. An Empirical Investigation of Labor Income Processes [J]. Review of Economic Dynamics, 12 (1): 58-79.

Heathcote J, Storesletten K, Violante G L. 2010. The Macroeconomic Implications of Rising Wage Inequality in the United States [J]. Journal of Political Economy, 118 (4): 681-722.

Holden P, Prokopenko V. 2001. Financial Development and Poverty Alleviation: Issues and Policy Implication for Devoping and Transition Counties [R]. IMF Working Paper No. WP/01/160.

Honohan P. 2004. Financial Development, Growth and Poverty: How Close Are the Links? [J]. World Bank Policy Research Working Paper No. 3203.

Isaac Ehrlich. 1973. Participation in Illegitimate Activities: A Theoretical and Empirical Investigation [J]. Journal of Political Economy, 81 (3): 521-565.

Jean-Yves Duclos, Joan Esteban, Debraj Ray. 2004. Polarization: Concepts, Measurement, Estimation [J]. Econometrica, 72 (6): 1737-1772.

Joan Esteban, Debraj Ray. 1994. On the Measurement of Polarization [J]. Econometrica, 62: 819-851.

Joanne M Doyle, Ehsan Ahmed, Robert N Horn. 1999. The Effects of Labor Markets and Income Hequality on Crime: Evidence from Panel Data [J]. Southern Economic Journal, 65 (4): 717-738.

Jonathan Morduch, Terry Sicular. 2002. Rethinking Inequality Decomposition—With Evidence from Rural China [J]. Economic Journal, Royal Economic Society, 112 (476): 93-106.

Joseph Deutsch, Uriel Spiegel, Joseph Templeman. 1992. Crime and Income Inequality: An Economic Approach [J]. Atlantic Economic Journal, 20 (4): 46-54.

Keane A B. 1993. Efficiency Wages and the Inter-Industry Wage Structure [J]. Econometica, 56: 253-259.

Krueger Alan B, Lawrence H Summers. 1988. Efficiency Wages and the Inter-Industry Wage Structure [J]. Econometrica, 56 (2): 259-294.

Lambert P J, Aronson J R. 1993. Inequality Decomposition Analysis and the Gini Coefficient Revisited [J]. Economic Journal, 103: 1221-1227.

Lawrence C, Lawrence R. 1985. Relative Wages in U. S. Manufacturing: An Endgame Interpretation [J]. Booking Papers on Economic Activity, 1: 47-106.

Lindbeck A, Snower D J. 1986. Wage Setting, Unemployment, and Insider-Outsider Relations [J]. The American Economic Review, 76 (2): 235-239.

Lucas R E. 1988. On the Mechanics of Economic Development [J]. Journal of Monetary Economics, 22 (1): 3-42.

Mark Robert Kurt. 2008. Essays on The Inter-Industry Wage Differential, Human Capital, and Directed Search [D]. Iowacity: University of Iowa.

Marshall A. 1988. Business Profits and Wages [J]. The Quarterly Journal of Economics, 1: 109.

Michael P Keane. 1993. Individual Heterogeneity and Interindustry Wage Differentials [J]. Journal of Human Resources, University of Wisconsin

Press, 28 (1): 134-161.

Mincer J. 1974. Schooling, Experience, and Earnings [M]. New York: Columbia University Press for the National Bureau of Economic Research.

Montgomery, James D. 1991. Equilibrium Wage Dispersion and Interindustry Wage Differentials [J]. The Quarterly Journal of Economics, 106 (1): 163-179.

Mookherjee D, Shorrocks A. 1982. A Decomposition Analysis of the Trend in UK Income Inequality [J]. Economic Journal, Royal Economic Society, 92 (368): 886-902.

Morgan Kelly. 2000. Inequality and Crime [J]. The Review of Economics and Statistics, 82 (4): 530-539.

Pablo Fajnzylber, Danml Lederman, Norman Loayza. 1998. Determinants of Crime Rates in Latin America and theWorld: All Empirical Assessment [M]. Washington DC: The World Bank Publication.

Paul Eberts, Kent P Sehwirian. 1968. Metropolitan Crime Rates and Relative Deprivation [J]. Criminologica, 5 (4): 43-52.

Pedro S Martins. 2004. Industry Wage Premia: Evidence from the Wage Distribution [J]. Economics Letters, (83): 157-163.

Ronald Schettkat. 1993. Compensating Differential? Wage Differentials and Employment Stability in the U. S. and German Economics [J]. Journal of Economic issues, 27 (1): 153-170.

Rothschild M, Stigler J E. 1976. Equilibrium in Competitive Insurance Markets: An Essay on Economics of Imperfect Information [J]. Quarter by Journal of Economics, 90 (4): 629-649.

Sakellariou. 1995. Human Capital and Industry Wage Structure in Guatemala [R]. The World Bank Policy Research Working Paper: 1445.

Salop S. 1979. A Model of the Natural Rate of Unemployment [J]. American Economic Review, 69: 117-125.

Shaked A, Sutton J. 1984. In voluntary Unemployment as a Perfect Equilibrium in a Bargaining Model [J]. Econometrica, 52 (6): 1351-1364.

Shapiro C, Stiglitz J. 1984. Equilibrium Unemployment as a Worker Discipline Device [J]. American Economic Review, 74 (3): 433-444.

Solow R M. 1979. Another Possible Source of Wage Stickiness [J]. Journal of Macroeconomics, 1: 79-82.

Steven Stack. 1984. Income Inequality and Property Crime: A Cross-National Analysis of Relative Deprivation Theory [J]. Criminology, 22 (2): 229-256.

Stigler J. 1962. Information in the Labour Market [J]. Journal of Political Economy, 70 (5): 94-105.

Stiglitz J E. 1974. Alternative Theories of Wage Determination and Unemployment in L. D. C. —The Labor Turnover Model [J]. Quarterly Journal o f Economics, 88 (2): 194-227.

Stiglitz J E. 1976. The Efficiency Wage Hypothesis, Surplus Labor, and the Distribution of Income in L. D. C. [J]. Oxford Economic Papers, 28 (2): 185-207.

Thaler R H. 1989. Inter-industry Wage Differentials [J]. Journal of Economic Perspectives, 3 (2): 181-193.

Tsakloglou P. 1988. Development and Inequality Revisited [J]. Applied Economics, 20: 509-531.

Waddoups C Jeffrey. 2005. Trade Union Decline and Union Wage Effects in Australia [J]. Industrial Relations, 44 (4): 607-624.

Wang Y Q, Tsui K Y. 2000. Polarization Orderings and New Classes of Polarization Indices [J]. Journal of Poblic Economic Theory, 2: 349-363.

Weiss A. 1980. Job Queues and Layoffs in Labor Markets with Flexible Wages [J]. Journal of Political Economy, 188: 526-538.

William T Dickens, Lawrence F Katz. 1987. Inter – Industry Wage Differences and Theories of Wage Determination [R]. NBER Working Paper No. 2271.

Winter-Ebmer R. 1994. Endogenous Growth, Human Capital and Industry Wages [J]. Bulletin of Economic Research, 46 (4): 289-314.

Wolfson M C. 1997. Divergent Inequalities: Theory and Empirical Results [J]. Review of Income and Wealth, 43: 401-421.

Yao S J. 1999. On the Decomposition of the Gini Coefficients by Population Class and Income Source: A Spreadsheet Approach [J]. Applied Economics, 34: 1249-1264.

Yellen J. 1984. Efficiency Wage Models of Unemployment [J]. American Economic Review, 74 (2): 200-205.

Yitzhaki S. 1979. Relative Deprivation and the Gini Coefficient [J]. Quarterly Journal of Economics, 93: 321-324.

Zhang X, Kanbur R. 2001. What Differences Do Polarization Measures Make? An Application to China [J]. The Journal of Development Studies, 37 (3): 85-98.

國家圖書館出版品預行編目(CIP)資料

中國經濟發展中的行業收入差距問題研究 / 徐淑娟 著. -- 第一版.
-- 臺北市：崧博出版：崧樺文化發行, 2018.09

　面　；　公分

ISBN 978-957-735-462-4(平裝)

1.經濟發展 2.收入 3.中國

555.2　　　　107015186

書　名：中國經濟發展中的行業收入差距問題研究
作　者：徐淑娟 著
發行人：黃振庭
出版者：崧博出版事業有限公司
發行者：崧燁文化事業有限公司
E-mail：sonbookservice@gmail.com
粉絲頁　　　　　　　網　址
地　址：台北市中正區重慶南路一段六十一號八樓815室
8F.-815, No.61, Sec. 1, Chongqing S. Rd., Zhongzheng Dist., Taipei City 100, Taiwan (R.O.C.)
電　話：(02)2370-3310　傳　真：(02) 2370-3210
總經銷：紅螞蟻圖書有限公司
地　址：台北市內湖區舊宗路二段121巷19號
電　話：02-2795-3656　傳真：02-2795-4100　網址：
印　刷：京峯彩色印刷有限公司（京峰數位）
　本書版權為西南財經大學出版社所有授權崧博出版事業有限公司獨家發行
　電子書繁體字版。若有其他相關權利及授權需求請與本公司聯繫。

定價：350 元
發行日期：2018 年 9 月第一版
◎ 本書以POD印製發行